JN301743

増補版

〈生活防災〉のすすめ
▶ 東日本大震災と日本社会

矢守克也 著 Katsuya Yamori

ナカニシヤ出版

増補版へのまえがき

　2011年3月11日，非常に強い地震が東日本を中心に日本を襲い，特に東北地方の太平洋沿岸には，想像を絶する規模をもった大津波が押し寄せた。地震の揺れと大津波は多くの人命，財産と平穏な生活を奪い，さらに，福島第一原子力発電所を危機的な状況に陥れた。この東日本大震災の直接，間接の影響は，この文章を執筆している時点（2011年4月）でも現在進行形で継続しているし，今後相当期間にわたって続くであろう。

　本書は，2005年に刊行した旧版に，本書のテーマである〈生活防災〉のエッセンスをコンパクトにまとめた増補1章と，東日本大震災について論じた増補2章とを追加して新しく編んだものである。東日本大震災が発生してしまったこの時点から旧版に収められていた6つの章を読み返すと，筆者の考えの至らなさを痛感する箇所も少なくない。しかし他方で，本大震災を経験した今だからこそ再読いただく価値もあると思える部分も存在する。そこで，既存の6つの章の内容は，最低限の字句訂正と引用文献の更新以外は，もとのままとした。

　さて，東日本大震災は，言うまでもなく，超巨大災害である。すなわち，本震災では，被災地の面的拡がりが南北500キロメートルにも及ぶ。かつ，原発事故の影響もあって，そもそも広い被災地からさらに広域に被災者が避難することを余儀なくされている点で，超広域災害である。そして，本震災は，その影響が非常に長期に及ぶと予想される点で，超長期災害でもある。

　さて，超巨大災害は，国家的危機，緊急異常事態，未曾有の国難といったフレーズで形容されるように，一見すると，日常の生活や暮らしとは隔絶された事象のように思われる。しかし，増補2章で論じているように，超広域とは，国全体ということであり，超長期とは，日常（ふだん）だということに気づく必要がある。すなわち，超巨大災害に対する支援や備えについて考えることは，見方を変えれば，ふだんの国づくりや社会のありよう，そして日常生活について考えること，つまり，まさに〈生活防災〉について考えることに他ならない

のだ。今回，東日本大震災が発生した直後のこの時期に，本書の増補版を上梓した最大の理由も，この点にある。

　以下，増補した2つの章について，初出情報とともに，簡単に紹介しておきたい。

　増補1章は，本書のテーマである〈生活防災〉のエッセンスについて，災害文化や中山間地の防災力についてとりあげながらコンパクトにまとめたものである。旧版の1章と併読いただければ，〈生活防災〉の基本思想について理解を深めていただけると考えている。なお，本章は，大阪ガスエネルギー・文化研究所発行の季刊誌「CEL」91号（2010年）に掲載された拙稿「〈生活防災〉の思想―生活文化としての減災を構想する」と，第29回日本自然災害学会学術講演会（2010年）で発表した原稿「中山間地の潜在的減災力―生活防災の視点から―」（矢守克也・稲積かおり）とを合編したものである。

　増補2章は，東日本大震災について，その発生から約1ヶ月間の筆者の思考のあとをまとめたものであり，その一部は，マスメディア等に発表した文章をベースにしている。そのため，節によって文章のトーンに若干の違いがあり，かつ，執筆した時点での制約があることを予めお断りしておきたい。

　具体的には，1節は，共同通信社の依頼で書かれ，地方紙各紙に2011年3月中に掲載された「識者評論」というコラムを改変したものである。2節は，日本質的心理学会のメールマガジンに投稿を要請された文章をベースにしている。3節～5節は，基本的に書き下ろしであり，筆者がこれまで，本書の旧版や別の拙著で開陳してきた考えや提起してきた論点と接点を保ちながら，東日本大震災について論じたものである。

　この増補版を出版するにあたっても，多くの方のご支援を得た。増補1章については，〈生活防災〉の思想に共鳴して共に歩んでくださっている方々，特に，「CEL」の原稿の転載をお許しいただいた弘本由香里さん（大阪ガスエネルギー・文化研究所）に感謝申し上げたい。増補2章については，転載を許可いただいた共同通信社に感謝するとともに，日本災害救援ボランティア・ネットワーク（NVNAD）の理事長であり大学時代からの友人でもある渥美公秀氏，同団体の常務理事である寺本弘伸氏はじめ，NVNADに関係するすべての方にお礼を申し上げたい。筆者の東日本大震災の被災地に対する関わりは，すべ

てNVNADの活動を通してのものである。さらに，ナカニシヤ出版の宍倉由高編集長，そして，山本あかねさんには，今回も引き続き，編集・出版に関してお世話いただいた。心から謝意を表したい。

　最後になったが，微力ながら研究者として防災・減災にとり組んできた者として，率直に反省の気持ちを表明しておきたい。東日本大震災は，大きなショックであった。筆者は，発災直後，一緒に防災活動にとり組んできた高知県の黒潮町役場の友人友永公生氏（増補2章に登場）にメールを送った。「私自身，心から反省しています。お前は本気で人の命や財産を守るための活動ができていたかと自問自答する毎日です。恥ずかしいです」と。宮城県気仙沼市に応援に入っていた彼からの返信には，「同感です。『軽すぎた』が僕の感想です。これまでの自分がしてきたこと，言葉，行動，あまりにも軽い。胸を締め付けられる思いでした」とあった。

　このたびの大震災で命を落とされたすべての方のご冥福をお祈り申し上げるとともに，被災された方に心からお見舞いの気持ちを伝えたい。

2011年4月

矢守克也

まえがき

　本書は,〈生活防災〉をキーワードに,わが国の防災が今後進むべき方向性について考察したものである。詳しくは本文(特に1章)に譲るが,〈生活防災〉とは,生活まるごとにおける防災,言い換えれば,福祉,環境,教育といった他の生活領域と引き離さない防災,のことを指している。したがって,〈生活防災〉の主人公は,防災の専門家よりも,むしろ,普段の生活を知る住民一般,日常の行政に携わる第一線の自治体職員である。本書が,そうした方々にわずかなりとも役立てていただけることを願っている。

　本書は,〈生活防災〉というメイン・テーマをゆるやかに共有するものの,独立して読むことが可能な6つの章から構成されている。初出紹介を兼ねて簡単に内容を紹介しておきたい。

　1章の「〈生活防災〉のすすめ」は書き下ろしで,本書の鍵概念である〈生活防災〉について詳しく論じている。したがって,可能であればまず本章から読み進めていただくとよいと思う。

　2章の「防災のタイム・スケール─〈1年〉・〈10年〉・〈100年〉の防災─」は,〈生活防災〉について,防災活動の時間リズムという観点から考察したものである。社会心理学会第46回大会に寄せた論考に大幅に加筆した。

　3章の「災害リスク・コミュニケーションの新しいかたち」では,災害情報に見られる新しい動向に注目して,その視点から〈生活防災〉について論じた。これも書き下ろしたものである。

　4章の「防災教育の新しいアプローチ」では,〈生活防災〉の教育場面での展開について述べた。「教育と医学(2005年7月号)」(慶應義塾大学出版会発行)に掲載された同名の原稿に一部修正を加えた。転載を許可いただいた同誌の編集部に厚くお礼を申し上げたい。

　5章の「犯罪の自然災害化／自然災害の犯罪化」は,他章とは異なり,狭義の防災のみならず現代社会が抱える「安全・安心問題」について広く論じたも

のであるが，最後は〈生活防災〉に帰着する論文構成になっている。社会心理学会第 44 回大会で発表した原稿に加筆した。

最後の 6 章は，「阪神・淡路大震災 10 年——コラム『神戸新聞を読んで』から——」と題されているように，神戸新聞の紙面に連載されたコラムを集成したものである。この点，他章とは性質を異にするが，被災体験・教訓の蓄積と伝承，災害情報のあるべき姿など，他章での議論を直接，間接に補完する内容となっている。転載をお許しいただいた神戸新聞社に感謝申し上げたい。

さて，本書は，筆者が現在鋭意進めているゲームを活用した防災の取り組みについて，——大げさに言えば——その思想的基盤を集約した内容にもなっている。本書で展開した方向性に，幸いにも関心をお寄せいただけたならば，ぜひ防災ゲームの具体的内容についても参照していただきたいと思う。特に，ジレンマをキーワードに防災・減災に関わる意思決定に焦点をあてた集団ゲーム「クロスロード」については，本年 1 月，吉川肇子氏，網代剛氏とともに拙著「防災ゲームで学ぶリスク・コミュニケーション——クロスロードへの招待——」（ナカニシヤ出版）を上梓した。本書とともに併読いただければ幸いである。

本書に採録した文章はすべて，筆者が，2003 年 4 月，京都大学防災研究所に奉職して以降に書いたものである。よって，本書の内容は，防災研究所，特に筆者が在籍する巨大災害研究センターにおける研究活動を通して得た知識・情報に多くを依存している。所内外，非常に多くの方々のお世話になったが，特に，同センターの 3 名の先生方，河田惠昭教授（現関西大学教授），岡田憲夫教授，林春男教授には，格別のご指導を賜わった。心よりお礼を申し上げたい。

最後になったが，本書の出版にあたっては，前著に引き続き今回も，ナカニシヤ出版の宍倉由高編集長のお世話になり，あわせて編集部の山本あかねさんにサポートいただいた。誠にありがとうございました。

2005 年 10 月

著　者

目　次

増補版へのまえがき　*i*
まえがき　*v*

増補1章　〈生活防災〉のエッセンス　……………………………*1*
  1.　〈生活防災〉とは何か　*1*
  2.　〈生活防災〉の具体事例　*1*
  3.　災害文化　*3*
  4.　中山間地の強靭さ　*4*
  5.　伝統的な災害文化から新しい〈生活防災〉へ　*7*
  6.　〈生活防災〉の5つのエッセンス　*9*

増補2章　東日本大震災に思う　……………………………*11*
  1.　超広域災害―みんなが当事者―　*11*
  2.　「北から」―「被災地つながり」の重要性―　*12*
  3.　「想定外」　*15*
  4.　〈1対9の災害〉と〈1対99の災害〉―日本型「対口支援」を目指して―　*18*
  5.　「インターローカリティ」―つながりについての考察―　*22*

1章　〈生活防災〉のすすめ　　27

1. 「土手の花見」　*27*
2. 〈最適化防災〉の限界　*28*
3. 〈生活防災〉とは何か　*29*
4. 〈生活防災〉の実践(1)──ゴミと防災──　*31*
   - (1) 災害廃棄物──第2の災害──　*31*
   - (2) 「名古屋の暑い夏」の貢献　*33*
   - (3) シンプルライフがもたらすもの　*34*
5. 〈生活防災〉の実践(2)──高齢者福祉と防災──　*35*
   - (1) 犠牲者の高齢化，死因の多様化　*35*
   - (2) 思考実験──何がリスクなのか──　*37*
   - (3) 脅威の多様性から被害の共通性へ　*38*
6. 最後に──「楽しさ」と「ハードウェア」──　*40*

2章　防災のタイム・スケール──〈1年〉・〈10年〉・〈100年〉の防災──　　45

1. 生活のリズムと自然のリズム　*45*
2. 〈1年〉の防災　*46*
3. 〈10年〉の防災　*50*
4. 〈100年〉の防災　*55*

3章　災害リスク・コミュニケーションの新しいかたち　　63

1. 災害リスクと情報　*63*
2. 「個別化」　*65*
3. 「主体化」　*69*
4. 「可視化」　*72*
5. 「日常化」　*74*
6. おわりに　*77*

4章　防災教育の新しいアプローチ　　　79

1. 能動的なはたらきかけを重視した防災教育　　79
2. 成果物・アウトプットを生み出すことを重視した防災教育　　81
3. 学校以外の主体・組織との連携を重視した防災教育　　84
4. 諸活動に埋め込まれた様式を重視した防災教育　　86

5章　犯罪の自然災害化／自然災害の犯罪化　　　89

1. 犯罪の自然災害化　　89
2. 自然災害の犯罪化　　92
   (1) 防災の市場化—レスキューナウの挑戦—　　92
   (2) アーキテクチャを「選びとる」こと　　94
   (3) ハザードに隠された悪意—「自然災害の犯罪化」—　　96

6章　阪神・淡路大震災10年—コラム「神戸新聞を読んで」から—
　　　　　　　　　　　　　　　　　　　　　　　　　　　　99

1. 独自のリズムを　　99
2. 掲載されなかった記事　　100
3. 新潟から神戸へ　　102
4. 1週間の数字　　103
5. 風化と熟成　　104

索　引　107

増補1章
〈生活防災〉のエッセンス

1. 〈生活防災〉とは何か

　〈生活防災〉は，筆者がかねてより提唱してきた防災・減災実践に関する基本原則の一つである。

　〈生活防災〉とは，一言で言えば，生活総体（まるごとの生活）に根ざした防災・減災実践のことであり，生活文化として定着した防災・減災と言ってもよい。すなわち，〈生活防災〉の考え方は，防災・減災を日常生活の他の領域とは無関係の独立した活動とはとらえない。むしろ，日常生活を構成するさまざまな諸活動—たとえば，家事や仕事，勉強はもちろん，高齢者福祉，地域環境，子どもの安全といった社会が抱える諸課題に関する活動，個人的な趣味やレジャー，あるいは，地域のお祭り，スポーツイベントなどに関する活動も含む—とともに，防災・減災に関する活動を生活全体の中に融け込ませることを重視する。

　同じことを反対側から表現すれば，〈生活防災〉は，防災・減災を日々の生活習慣の中に組み込む（ビルトインする）こと，あるいは，地域社会が日常的に取り組んでいる活動の中に組み込むことを目指す。生活まるごとにおける防災・減災，言いかえれば，他の生活領域と引き離さない防災・減災が目標とされるわけである。

2. 〈生活防災〉の具体事例

　〈生活防災〉を推進するための具体的な方法として，筆者は次のような事例

を紹介してきた。

　まず，どちらかと言えば，個人や家庭での生活習慣に関わる事例として，たとえば，住居内の日常的な整理・整頓がある。整理・整頓された室内は日常的にも快適であるし，災害時には落下物防止，避難路確保などに有効である。次に，家族の外出先の相互確認。これは，日常的なコミュニケーションにもなるし，災害時には安否確認作業の負担軽減となる。さらに，徒歩や自転車を活用した通学・通勤。日常的な健康増進にもつながるし，災害時には公共交通機関に頼らない移動手段が確保され，ふだんから危険箇所や利用可能な資源（コンビニエンスストアなど）を把握することにもつながる。

　他方，どちらかと言えば，地域社会全体に関する取り組みとしては，たとえば，ご近所の挨拶がある。何気ない挨拶が日常的にも近隣関係を豊かにし，かつ空き巣・不審者対策ともなり，災害時には「共助」（相互の助け合い）の基盤となる。次に，違法駐輪や駐車対策。日常的にも町の美観の維持や交通事故対策などに有効であるし，災害時には道路閉塞の防止や避難路確保につながる（ただでさえ通行に困難を感じる道路に，倒壊した家屋が覆い被さってくるかもしれない。そのような道路を使って避難することができるだろうか，車椅子が通れるだろうか，消防車が入って来られるだろうか）。さらに，ゴミの減量。日常的にも資源の有効活用，環境保全にプラスとなり，災害時には地域全体の災害廃棄物処理能力に余裕をもたせることになる（比較的小規模の水害でも，ひとたび起これば，地元自治体の廃棄物処理能力の半年から1年分のゴミが出ることは，近年の災害事例が実証済）。

　これらの取り組みの多くは，比較的単純である。今日からでも実行に移すことができるようなものも多い。ただし，〈生活防災〉の考え方を応用・展開した防災・減災の実践事例には，より大規模で，念入りに計画され，かつ長期にわたって継続されてきた事例もある。たとえば，「いのちをまもる智恵」としてまとめられたすばらしい実践の数々（レスキューストックヤード，2007），大規模マンション「加古川グリーンシティ防災会」による大胆な取り組みや，「震災疎開パッケージ」（矢守，2009ほかで紹介）などを参照いただければ〈生活防災〉の発想を理解いただく上で助けとなると思う。

3. 災害文化

　〈生活防災〉から,「災害文化」という言葉を連想された方も多いのではないかと思う。たしかに, 古来, 幾多の災害に見舞われてきた, この日本列島に暮らす人びとは, 世界的に見ても類を見ない豊かな災害文化を育んできたと言われる。稲作を支えるための仕組みや智恵の集積, つまり, 気象や農作に関する生活慣習, 言い伝え, 暦などは, 稲作を中心とする日々の暮らしの全体が, 台風や冷害といった災害をやり過ごすための実践, つまり, 〈生活防災〉とイコールであったことを示しているとも言えるだろう。

　災害文化には, このように, ほぼ全国的な広がりをもつと考えられるものに加えて, 特定の地域に固有でユニークなものもある。たとえば, 今般の東日本大震災でもその重要性が再認識された「津波てんでんこ」（津波の危険があるときは, 家族といえども気にかけず, みな「てんでんばらばら」になってでも高所への避難を急ぐべしの意。詳しくは, 矢守・渥美（2011）も参照されたい）の言い伝えを含む津波災害文化（三陸沿岸の津波常襲地域）, 助命壇や水屋など水害から生命や家財を守るための著名なハードウェアを有する輪中文化（木曽川, 長良川, 揖斐川の木曽三川流域）, 頻繁な台風来襲とシラス土壌を前提に, その土壌に適した作物栽培や土地の割替え制などを含むシラス文化（鹿児島県）, 火山噴火がもたらす被害と恩恵との舵取りに関する智恵の集積としての火山災害文化（北海道有珠山や雲仙普賢岳の周辺地域など）などである。

　災害文化, あるいは, 〈生活防災〉と聞くと, 24時間365日常時警戒態勢という切羽詰まった防災・減災一色の情景や生活を思い描く人も多いようである。しかし, たとえば, 消防士の方など, 防災を生業にして努力いただいている方々は例外として, こうした態度は長続きしないし, 文化としても日常の生活スタイルとしても定着しない。むしろ, 前記の各事例に見られるとおり, 豊かな災害文化とは, 災害とともに生きていく工夫の集積のことである。自然の脅威はやり過ごし, 逆に, その恵み（火山がもたらす温泉, 洪水がもたらす肥沃な土壌, 大雪がもたらす豊富な湧き水など）は享受しながら, 災害と共生するすべのことである。別の言葉で言えば, 災害文化は, 自然と真っ向から立ち向かい,

それを制圧しようとする「防災」の論理よりも、むしろ、自然と折りあいつつ、それがもたらす災いだけを可能なかぎり減らそうとする「減災」の発想に近いと言えるだろう。

4. 中山間地の強靱さ

　中山間地における防災力を、〈生活防災〉の視点から位置づけ直すこともできる。2004年に発生した新潟県中越地震では、中山間地に散在する集落が少なからず「孤立」したとされ、それ以降、中山間地域における災害や防災・減災に対して多くの注目が集まるようになった。中山間地域は、一般に、高齢化や過疎化といったネガティヴなイメージと連動していることが多く、その典型が「限界集落」という用語であろう（たとえば、大野、2008）。防災・減災領域でも同様であり、先に挙げた「孤立」に加えて、「情報途絶」、「河道閉塞」など、都市部よりも数多くの防災上の課題がリストアップされることが多い（たとえば、中山間地等の集落散在地域における地震防災対策に関する検討会、2005）。むろん、これらの指摘そのものは事実であり、弱点の強化に向けた提言やアクションも意義深く、実践的に重要である（たとえば、日本建築学会、2005; 此松、2008）。

　しかし他方で、「原風景」、「自然との共生」、「食（暮らし）の自治」、「スローライフ」といった用語で、中山間地域をポジティヴにとらえる動きも多数存在する（たとえば、内山、2010）。すなわち、中山間地域が、都市部と比較して、多くの資源と魅力に恵まれていることも、また事実である。ここでは、このちょっとした矛盾を、「平常時は問題なしでも災害時には弱点が露呈するのだ」といった通俗的な理解で割り切るのではなく、むしろ、平常時に、中山間地の魅力や長所としてあらわれていることは、災害時にも貴重な資源として、そのまま中山間地域の減災力の基盤となっているという観点からとらえかえしてみたい。言いかえれば、中山間地は、災害に対して、——いくつかの脆弱性とともにではあるが——相当程度に強靱な耐性もまた有しており、かつ、その多くは、中山間地の平常時（日常時）の特性の中に、「潜在的な減災力」、つまり、〈生活防災〉力として担保されているという仮説に徹底的に寄りそって中山間地域

を眺めてみたいのだ。

　筆者らは，新潟県中越地震に襲われた旧山古志村の様子を記録した冊子など，いくつかの関連資料の内容分析，および，小千谷市東山地区，旧山古志村等の住民や自治体職員を対象としたインタビュー調査を，まず予備調査として実施した。この予備調査を通じて，中山間地の潜在的防災力としてリストアップ可能と思われる要素の洗いだし作業を行なった。それを踏まえて，筆者の研究室の大学院生であった稲積かおりさんが，2009年秋，被災地住民の日常の生活様式に関する観察と学習，および，中越地震の際の被災状況，復旧・復興状況に関する聞き取りを主たる目的として，川口町木沢集落において，1週間泊まりがけで参与観察調査を行ない，潜在的防災力に関する詳細な分析とそれを可能にした日常的な要因の解明を試みた。表増補1-1は，その概要である（詳しくは，稲積, 2010を参照）。

表増補1-1　中山間地の〈生活防災〉

①資源
　燃料：薪等があり火についての心配をしなかった／プロパンガスの存在によって自炊が可能であった
　電気：発電機を用いて電気を確保することができ自炊を行ったり，不安を和らげたりすることができた
　水：湧き水や井戸水を用いることでご飯を炊くなどの調理をすることができた
　食料：孤立下であっても食料に困ることはなかった／米，野菜などを近所で持ち寄って炊き出しを行った

②資材
　外にあった木くずを持ち寄って焚火をした／バス停の建物の中でみんなで毛布にくるまり，火をたいて暖をとった／高齢者を「丸車庫」（写真増補1-1を参照）に避難させた

③救命救助，安否確認
　区長が避難場所に来ていない住民を迎えに行った／本家や近所の住民の安否を確認し，安全な場所へ避難した／地震発生直後から若者など住民が自発的に集落内の高齢者の安否確認を実施した／若者を中心に倒壊家屋から出られない人の救出にあたった／けが人の有無などはすべてすぐに把握していた

④避難生活への移行
　住民は自然と学校に集まった／地域内で安全な場所に分かれて避難した／事前に避難場所を決めていたわけではないが自然とみんなが中学校跡地に集まり始めた

⑤助け合い
　どこに誰がいるかなど自然とわかっていた／ヘリで避難するにあたって高齢者を優先した

⑥知識
　昔使っていた山道を利用して役場まで徒歩でたどりついた／約40年前まで使っていた道を利用して役場に向かった

表増補 1-1 を見ると，中山間地には，防災・減災上，長所となる特性が—短所となる特性とともにではあるが—多く存在することがわかる。湧き水・井戸や食料（田畑に植えてあるもの，森林で採集できるもの，多くの保存食）の存在は，もちろん重要である。ただし，むしろ注目すべきは，こうした環境的な特性よりも，ライフスタイルや社会的な関係性に見られる特性である。たとえば，納屋，ビニールハウス，土間，丸車庫（写真増補 1-1）など，インドアとアウトドア半々の空間を日常的によく利用していて一時避難所として有効に活用できたこと，豪雪地帯であることから通常から日用品をストックする習慣があること，ふだんから近くの町に買い物に行くときには，一人暮らしの高齢者をクルマに同乗させて出かけるなどご近所の助け合いが生活に根づいていること，あるいは，集落を出た親戚（兄弟姉妹など）が近隣の平地（都市部）に居住していて日頃から交流しているため，たとえば，一時避難したり風呂を利用したりできたこと，などである（岡田・にいがた自治体研究所（2007）が新潟県中越地震後に発表した報告も参考になる）。

　上記の例示で，「日常的に」，「通常から」，「ふだんから」，「日頃から」という用語をあえて繰り返し用いた。それは，これらの生活習慣，ライフスタイルが防災・減災上の長所となっていることを，中山間地に暮らす当事者の方々は，「まったく意識していなかった」（川口町で得た証言）に，注意を促したかったからである。もちろん，住民の方々は，防災・減災のためを思って，納屋をもち，日用品をストックし，隣近所で一緒に買い物に行き，親戚づきあいをしていたわけではない。防災など，まったく意識されていなかった。それらは，単に「日常的に」，「ふだんから」行われていただけのことである。

　しかし，無意識だからこそ強いのである。考えてみれば，自転車に乗れることでも，パソコンを使いこなせることでも何でもいい，何かがほんとうに身についた状態，自分のものになった状態とは，特段意識することなく，そのことを実行できる状態に他ならない。だから，逆説的な言い方になるが，やれ共助だ，やれ備蓄だ，やれ近所づきあいだ，などと声高に唱えているようでは，減災も〈生活防災〉も半人前なのかもしれない。この点，中山間地域にこそ，真の減災力—〈生活防災〉—が潜在的に根づいているという一面もあることを忘れてはならないと思う。

写真増補 1-1　中越地震で避難場所として使われていた「丸車庫」（新潟県川口町）
（写真提供：中越復興市民会議　楡井将真さん，大阪大学大学院　宮本匠さん）

5. 伝統的な災害文化から新しい〈生活防災〉へ

　さて，伝統的な災害文化は，たしかに長年にわたる経験を踏まえた貴重な智恵の集積であり，本章で紹介している〈生活防災〉にとっても，そこから学ぶべき点は多い。しかし他方で，それらの多くが，少なくとも現在の都市部と比べれば人口密度が低い社会，しかも，農林漁業を主力産業とする社会を前提した災害文化であることも，また事実である。さらに，これらの災害文化には，災害現象や防災・減災に関する知識・技術を専門的に検討し保有する存在としての専門家（防災研究者，防災に関するコンサルタント業者，防災を担当する自治体職員など）が社会的な位置づけを有する前の時代に生まれたものも多い。前項で触れた中越地震の被災地の事例も，兼業農家が多いとはいえ，農業を中心とする中山間地のコミュニティにおける，（意識されざる）災害文化であった。

　これに対して，現代の日本社会においては，都市部を中心に人口が急増し，超高層ビル，高速で走る鉄道網，発電所や大規模な工場施設など，かつてはありえなかった人工構造物も無数に存在する。逆に村落部では，過疎化によってこれまで保障されてきた最低限の防災行政サービスにも滞りが見られるなど，

防災・減災が置かれた物理的環境が大きく，かつ急速に変化している。もちろん，人びとの生活習慣，家庭や地域社会に対する帰属意識，災害に関する自然科学的知識の増大と細分化など，防災・減災を取りまく社会・文化的な環境も，前述した災害文化の多くが育まれた時代とは大きく様変わりしている。

　これらを踏まえれば，これからの〈生活防災〉を構想するにあたっては，古来日本社会が育んできた災害文化に現代的な装いをまとわせるための工夫が不可欠だということに気づく。たとえば，先に紹介した「加古川グリーンシティ防災会」の取り組みの一つである「町内チャンピオンマップ」（大規模マンションの住民が，大型車両の運転，英会話，子守り，高齢者のケアなど，災害時に自分が協力できる事項を予め登録しておく仕組み。詳しくは，矢守（2009）参照）は，物理的には近接して居住していたとしても，それぞれの個人や家庭（多くは核家族）が，通常まったく無関係にそれぞれ別々の職業に従事し別々の興味・関心に生きているという都市部の典型的な社会構造を前提にしている。しかし，多くの場合，地域社会における防災・減災にとってはマイナスに作用すると思われるこの特徴を，別々の職業や趣味・特技，言いかえれば専門能力をもつ多様な人びとを大量に確保できるのが都市部の長所だととらえかえすことによって，現代風の災害文化を構築したのが「町内チャンピオンマップ」だと言えるであろう。

　同じような試み，つまり，現時点における生活習慣，社会構造を踏まえた上で，防災・減災上の工夫を，現代的な課題問題の解決や，各地域の地域性のプロモーションの中に組み込むタイプの試みは，他にもある。たとえば，前述の「震災疎開パッケージ」（詳しくは，矢守，2009）は，災害時の広域避難（疎開）を，都市部と村落部の地域交流や地域名産品のプロモーションと組み合わせて推進しようとしたものである。あるいは，高知県黒潮町では，津波避難の目安となる海抜表示の掲示板に地元の小学生が一つ一つ手作りしたデザインを用いたり，避難路の手すりロープに地域伝統の素材を利用したりして，地域での学校教育，伝統産業・技法の見直しと防災・減災活動のリンクが図られている。

6.〈生活防災〉の5つのエッセンス

　最後に,〈生活防災〉—まるごとの生活に根ざし,生活文化として定着した防災・減災—について再度まとめて,本章を閉じよう。これまで紹介してきた数々の事例を踏まえれば,〈生活防災〉のエッセンスは,次の5項目に集約できそうである。
　第1に,「ふだんの生活」。防災・減災を災害時,緊急時にのみ固有の活動と考えるのではなく,ふだんの日常生活と一体となった活動としてとらえることが必要である。むしろ,完成された〈生活防災〉は,それが完璧に慣習化・日常化されているために,当事者には防災・減災のためと意識されずに実現されるとすら言える。
　第2に,「みんなで(コミュニティで)」。〈生活防災〉の一部は,純粋に個人的な生活習慣に属することがらであるが,そのほとんどは多くの人びとの共同作業として実現される。人間にとって最大のモチベーター(あることをしようという気にさせる源泉)の一つが,哲学や理念ではなく,「(単に)みんながそうしているから」であることにも注意したい。
　第3に,「繰り返し(毎日,毎週,毎月,毎年)」。これは,「ふだんの生活」の言いかえでしかないが,〈生活防災〉の導入時には有効な指針となる。すでに,十分安定的に繰り返されている行事やイベントに防災・減災を組み入れることは,翻って,防災・減災そのものの習慣化を促す。
　第4に,「一石二鳥」。防災・減災のためだけに,あることをしろと言われても,多くの人は躊躇してしまう。むしろ,当面の御利益は他にあって,防災・減災は「おまけ」としてついてくるくらいでないと,人びとは乗ってこない。その意味で,〈生活防災〉では,防災・減災の作業と同時並行可能なパートナー探しが肝心である。
　最後に,「ご当地主義」。〈生活防災〉のベースとなるのは,「ふだんの生活」である。そして,「ふだんの生活」は地域により時代により,大きく異なる。その意味で,〈生活防災〉は,地域特性,時代特性にフィットしたものでなければならず,同時に,それらの変化に適応することができるよう十分柔軟でな

ければならない。

　今を去ること16年前，阪神・淡路大震災は，防災・減災の土台は，どこからともなく駆けつけてくれる「サンダーバード（国際救助隊）」ではなく，日頃の生活であること，また，ふだんの社会のありようであることを教えてくれた。〈生活防災〉の思想が，実り豊かな防災・減災実践をさらに生み出す土壌となることを願いたい。

【引用文献】

中山間地等の集落散在地域における地震防災対策に関する検討会　2005　地震防災対策に関する検討会提言　[http://www.bousai.go.jp/oshirase/h17/chusankan_teigen.pdf]

稲積かおり　2010　中山間地における潜在的減災力　京都大学大学院情報学研究科平成20年度修士論文

此松昌彦　2008　大規模災害対策と防災教育　和歌山県大学等地域貢献促進事業報告書　[http://www.pref.wakayama.lg.jp/prefg/020100/daigaku/20syuryo/documents/konomatsu.pdf]

日本建築学会　2005　中山間地域等の地震防災と復興対策への提言―新潟県中越地震に鑑みて―　[http://www.aij.or.jp/scripts/request/document/051023.pdf]

大野晃　2008　限界集落と地域再生　北海道新聞社

岡田知弘・にいがた自治体研究所　2007　山村集落の再生の可能性―山古志・小国法末・上越市の取り組みに学ぶ―　自治体研究社

レスキューストックヤード　2007　いのちを守る智恵―減災に挑む30の風景―　レスキューストックヤード

内山節　2010　共同体の基礎理論―自然と人間の基層から―　農山漁村文化協会

矢守克也　2009　〈生活防災〉の実践共同体　矢守克也「防災人間科学」　東京大学出版会，Pp.249-265.

矢守克也・渥美公秀　2011　ワードマップ：防災・減災の人間科学　新曜社

増補2章
東日本大震災に思う

1. 超広域災害—みんなが当事者—

　2011年3月,後に,「東日本大震災」と呼ばれることになる地震・津波の発生から数日後,私は,自身が所属する「日本災害救援ボランティア・ネットワーク（NVNAD）」（兵庫県西宮市,理事長渥美公秀氏）の活動のため,新潟県小千谷市と刈羽村を訪れた。NVNADは,阪神・淡路大震災（1995年）を機に誕生した団体で,中越地震,中越沖地震での被災地支援をきっかけに,両自治体と関係をもった。この2つの自治体が,東日本大震災の被害を受けた福島県（南相馬市や浪江町など）からの避難者を多数受け入れているという。NVNADとして,避難者が緊急に必要としている物資の購入をサポートするとともに,中長期的な支援を後方からお手伝いする準備のための訪問であった。
　いずれの自治体でも,自ら被災経験をもつ職員やボランティアたちが細やかに避難者の対応にあたり,特に,小千谷市では,都市部の中学生を一般家庭に宿泊させ田植えなどを経験してもらう「民泊事業」の枠組みを生かしていた。数年前の被災者が現在の被災者を個人宅に受け入れる方式で,両者にはきっと通い合うものがあるだろう。そこから今後に向けた希望や勇気も生まれてほしいと願わずにはおられない。
　超広域災害とは,単に,災害の直接的被害が広域にわたる災害をいうのではない。それは,すべての地域が広い意味で被災地になることであり,よって,みんなが当事者だとの気持ちをもつべき災害のことを指す。今回のNVNADの支援が,阪神・淡路大震災,中越・中越沖地震,そして,東日本大震災を時間軸上で貫き,同時に,阪神地域,中越地方,福島県を空間軸上で連携させて

いること（5節の「インターローカリティ」の議論も参照）が，そうした可能性を示している。

たしかに，現時点（2011年3月下旬）では，中心被災地への人や物の流れは，いまだ危機的な状況にある。迅速に事態の改善が図られねばならない。他方で，超広域災害の当事者は，中心被災地で苦しむ方々，組織的な救援・支援活動にあたる政府や一部の機関だけではない。周縁地域（たとえば，新潟県），後背地域（たとえば，関西圏）の役割とその連携も欠かせない。広域避難が現実化しているこの時点ですでに，私もあなたも当事者である（広域当事者性）。そして，今後，広域避難が中長期にわたれば，この状態は相当の年月にわたって継続するだろう。超広域災害とは，超長期災害でもあるのだ。

超広域とは，国全体ということである。超長期とは，日常（ふだん）ということである。したがって，超巨大災害に対する支援や備えについて考えることは，見方を変えれば，ふだんの国づくりや社会のありよう，また日常生活について考えること，つまり，まさに〈生活防災〉について考えることに他ならない。こうした観点に立ったときには，地域の「分散・自立」がキーワードとなるだろう。水，電気，食物の供給を，遠方の特定地域に集中的にお任せしてそれに依存する生活や，それを前提した地域間関係を，根底から見直す努力が必要である（「遠い水／近い水」に関する嘉田（2000）の立論を参照）。「分散・自立」の努力をせず，特定地域に「集中・依存」する危険をさらに大がかりな統制や管理で抑え込もうとする施策は，いっそうの「集中・依存」を生み，それが強大な自然の力に対抗できないことを，今回の大震災は数多の犠牲とともに私たちに告げている。

2.「北から」──「被災地つながり」の重要性──

「東日本大震災」発生の後，私は，仲間──渥美公秀氏（大阪大学），永田素彦氏（京都大学），八ッ塚一郎氏（熊本大学）──とともに，青森に飛んだ。筆者自身も理事を務める「日本災害救援ボランティア・ネットワーク（NVNAD）」の先遣隊として，である。なぜ，青森か。阪神・淡路大震災をきっかけに立ち上がった団体として，また，中越地震（2004年），四川大地震（2008年）など，

国内外の被災地で活動してきた団体として，NVNAD には次のような予感があったからだ。「大きな支援は東京，仙台を拠点に南から入っている。きっと北に支援が行き届かない地域が残る。自分たちは北から南下，どこかで南からの仲間と出会えればいい」。これが，「北から」戦略のベースである。

　「北から」には，別の理由もあった。私たちが本拠を置く関西は，今回の被災地からいかにも遠い。遠くからの支援が，渦中にいる人びとにとって，この上ない喜びであると同時に，時に言いようのない隔靴搔痒の感や摩擦を生むことを，NVNAD 自身，これまで何度も感じてきた。「被災地の内部あるいは周縁に，私たちと志を同じくする仲間がいるはず。その方々と連携して支援活動を進めないと被災地に迷惑をかける」。旧知の作道信介氏（弘前大学）と連絡をとった。同氏の紹介で弘前，青森，八戸方面の多くの仲間と知り合えた。現時点（2011 年 4 月初頭）では，彼らとともに，岩手県三陸沿岸の最北部に位置する小さな村（野田村）への支援活動をお手伝いしている（写真増補 2-1，写真増補 2-2）。

　「北から」には，さらにもう一つ理由がある。遡ること 16 年，阪神・淡路大震災の後，八戸青年会議所が，NVNAD の本拠地兵庫県西宮市の子どもたちを，八戸に迎えてくれた。西宮の子どもたちは，今回牙を剝いた太平洋で地引き網などを楽しんだ。そのときのお返しがしたい。その思いも，「北から」を支えている。今回の訪問で，当時の青年会議所理事長（現商工会議所メンバー）ともお目にかかれた。こうしたアプローチは，NVNAD のもう一つのキャッチフレーズで表現すれば，「被災地つながり」と言うことができよう。渥美（2011）が，被災者から別の災害の被災者へ宛てた手紙を引きながら活写しているように，被災者にとって，（かつての）被災者の言葉や支援は格別だからである。

　超広域災害であり，かつ超長期災害である本災害は，〈生活防災〉が重視してきたように，早晩，被災地の地域経済振興や学校機能の回復など，その主要な課題が日常生活の問題へと回帰してくる。こんなとき，たとえば，商工会の方と連携して現地の農海産物などを阪神地域でプロモーションすれば，遠くにいても支援はできる。あるいは，16 年前とは反対に，東北地方の被災地の子どもたちを一時的にでも関西方面に迎えて，少しはリラックスしたひとときを過ごしてもらうこともできる。実際，先に触れた中越地震や兵庫県佐用町の豪

写真増補 2-1 津波で大きな被害を受けた岩手県九戸郡野田村
（手洗い場は野田村保育所のもの。現在，同保育所は別の施設に移って保育を続けている。著者撮影 2011 年 3 月 31 日）

写真増補 2-2 野田村で瓦礫の後片付けを手伝う NVNAD のボランティア
（著者撮影 2011 年 3 月 30 日）

雨災害（2009 年）など，いくつかの災害で NVNAD はそうした活動にとり組んできた実績がある。

　最後に，支援活動に（も）従事する研究者として一言。震災からまだひと月

も経過していない今は，研究などしている場合ではない。むろん，一般的にそうだというのではない。被災地で被災者を対象にした研究という意味である。これは主義主張というより，ごく素朴な事実認識である。しかし，研究機関に身を置く者は，研究者マインドをもって支援活動にあたることが大切である。筆者自身は，かねてから重要視している「インターローカリティ」の概念（この後の5節，および，伊藤・矢守（2009）を参照）などを念頭において，支援活動にとり組んでいるつもりである。

今こそ，"Think practically, Act theoretically"（「実践的に考え，理論的に行動しよう」）。

3.「想定外」

東日本大震災は，言うまでもなく巨大災害である。巨大災害は，被害規模はもとより，日常性，つまりそれまでのつつがない暮らしや生活の流れに対する断絶が巨大だという意味で，巨大災害である。この巨大な断絶を回復しようとして，人も社会も悩み苦しむ。

このことに関連して，大震災後，「想定外」という言葉を頻繁に耳にするようになった。たとえば，岩手県宮古市田老地区は，明治三陸津波が再来したと想定した場合の津波最大遡上高（津波の波高ではなく）が16.8メートル，想定宮城県沖連動地震でのそれが4.2メートルとの「想定」のもと（岩手県，2004），本書の5章（写真5-2）で示した高さ約10メートル，総延長2.5キロにもわたる津波防潮堤を町の前面に配備していた。ところが，今回の津波は，この堤防をやすやすと乗り越えた上，その一部（約500メートル）を完全に破壊し，最高で海抜37.9メートルの高さの地点にまで遡上していたことが確認されている。今回の大震災を引き起こした自然の猛威が，人知を超えた「想定外」のものだったと主張される所以である（写真増補2-3）。

精神分析学的に見れば，さまざまな場面でこの用語が頻繁に使われていること自体が，自然の猛威がもたらした日常性の断絶に対する人びとの心理的適応策となっていることを示している。この一点に徹すれば，「想定外」でもって何かを告発する側も何かを擁護する側も，両者共通である。かつて筆者が論じ

写真増補 2-3　津波防潮堤の上から見た田老地区の惨状
（向かって左の海側から右の陸側へと津波が乗り越えていった。著者撮影 2011 年 3 月 23 日）

たように（矢守，2010），阪神・淡路大震災の直後に便利に使われた「（未知の）活断層」というフレーズも，同様の働きをもっていた。人間の心は，まったく説明のつかない断絶や衝撃，言いかえれば，意味を同定できない断絶や衝撃をそのままの形で受け入れることはできない（5 節の第 1 の論点も参照）。「想定外だった」，「未知だった」という，最低限の「説明」—つまり，よく考えると何ら説明になっていない「説明」—ですらこれほど多用されるのは，このためである。「想定外」は，その事実的意義（何らかの出来事を真に想定していたか否か）とは別の社会心理的機能，すなわち，あの衝撃的な出来事は「想定外」という意味をもった出来事だったと意味づけられることで，巨大な断絶を辛うじてかわす機能を担っているのである。

　ただし，ここでは，こうした社会心理学的な分析は棚上げして，今回の「想定外」について，もう一歩踏み込んで，かつ原点に還って検討してみよう。どのような意味で「想定外」だったのかと。たとえば，「三陸海岸大津波」（吉村，2004），特に，その中に収められた「明治 29 年の津波」の章を一読すると，時代の隔たりを越えて，今回の大津波と見まごう記述に満ちあふれていることに気づく。海抜 50 メートル近くまで津波が遡上した可能性，地震から 30 分間の行動が生死を分けたこと，大規模な火災の発生…類例は枚挙にいとまがない。

先端的な津波研究の世界でも同様である。たとえば，今回の大地震と同様，三陸沖を震源とする地震が引き起こした貞観の大津波（869年）が，現在の仙台市や名取市の内陸部にまで（現在の海岸線から3〜4キロメートル程度にまで）達していたことが，津波堆積物の調査などからすでに明らかにされていた（産業技術総合研究所，2010）。もちろん，今回の地震規模（マグニチュード9.0）は，同8.3程度と推定されている貞観地震よりもはるかに大きく，今回は，同地域で津波が海岸線から5キロメートル以上遡上していたことが確認されている。

また，津波遡上に関する上記の発見は，比較的近年の研究成果であり，多くの一般の人びとにとっては依然として未知の事実（「想定外」）にとどまっていたことも事実だろう。しかし，たとえば，産経新聞が2009年7月27日付の紙面で「1000年間隔で襲う津波，仙台内陸部まで遡上」の見出しとともに上記研究成果の骨子について報じるなど，本件に関する記事は2006年以降数回にわたって全国紙にも掲載されている。すなわち，一般の人びとへの普及・啓発も一定程度は行われていたのだ。

このように考えてくると，「想定外」とは，文字通り夢想だにしなかったことではなく，逆に，本来身近なことを「なかったことにすること」，あるいは「考えないようにすること」だということがわかる。かつて，寺田寅彦は，「天災は忘れた頃にやってくる」と，災害体験の風化に警鐘を鳴らした。しかし，「天災と国防」（寺田，1997；初出は1934年（昭和9年）に刊行された「経済往来」という雑誌）と題されたエッセーの一節を見る限り，この警句は，単に風化（忘却）を戒めたものととらえるべきではなく，「災害は『想定外』を忘れた頃にやってくる」と，補足して受けとめるべきだろう。「文明が進むに従って人間は次第に自然を征服しようとする野心を生じた。…（略）…そして天晴れ自然の暴威を封じ込めたつもりになっていると，どうかした拍子に檻を破った猛獣の大群のように自然が暴れ出して高楼を倒潰せしめ堤防を崩壊させて人命を危うくし財産を亡ぼす」（pp.313-314）。

要するに，「想定外」とは，事実認識のエラーというよりも，私たちの態度の問題なのだ。

4. 〈1対9の災害〉と〈1対99の災害〉
   ―日本型「対口支援」を目指して―

　「対口支援」という言葉をご存知だろうか。「対口支援」は，2008年に発生した四川大地震（汶川地震）後の災害復興を効率的に促進するために中国政府が定めたもので，もとは，沿岸部の諸都市から内陸部への経済支援に用いられた枠組みである。主として，19の省と直轄市が，被災地の県や市と1対1の関係を結んで支援する。支援側の自治体の財政収入の1％相当額を投入して実施されており，期間は3年である。なお，「対口」とは中国語でぴったり合うことを意味する（写真増補2-4）。

　東日本大震災後，「対口支援」と同種の枠組みを，被災地支援に活用すべきとの議論が随所に起こり，実際に実行に移されているケースもある（「ペアリング支援」とも呼ばれる）。たとえば，各紙の報道によれば，「関西広域連合」（大阪府などの関西7府県が，救急医療連携や防災等の府県域を越えた行政課題に取り組むために設立した特別地方公共団体）は，連合長を務める井戸敏三兵庫

写真増補2-4　被災地北川県に対する山東省の対口支援（全市的な被害を受けたため別地で移転再建中の新北川県城（県庁所在地の意）の工事現場で。「北川」や「山東」の文字が見える。著者撮影2009年7月12日）

県知事による「カウンターパート（対応相手）を作ってはどうか」との提案をベースに，岩手県の支援に大阪府・和歌山県，宮城県の支援に兵庫県・徳島県・鳥取県，福島県の支援に滋賀県・京都府があたっている。

　こうした動きには，行政機関に限っても，既存の災害時相互支援協定に基づくものや，姉妹都市関係に基づくものなど，多種多様な形態がある。さらに一例を加えると，筆者の友人が職員として勤務する高知県黒潮町は，カツオ漁つながりで，被災後ただちに，宮城県気仙沼市に，この友人を含む職員を1週間以上にわたって派遣した。黒潮町内には気仙沼市に家族・親戚をもつ住民も少なくなかったのである。さらに，対口支援は，行政機関のペアリングに限られているわけではない。たとえば，全国各地の災害NGO団体やボランティア組織は，陰に陽に，それぞれの支援先を相互調整して被災地に入っているし，企業と企業，教育機関と教育機関との間でも，同種の試みは見られる。

　「対口支援」は，基本的には，東日本大震災に適した支援の枠組みだと思われる。すなわち，第1に，超長期災害になることが予想される中，「支援の持続性」を維持する点で，第2に，各地域の特性や組織の得意技を生かした支援，すなわち，「餅は餅屋」的な意味での「支援の専門性」を確保する点で，第3に，超広域災害であることを踏まえて，被災地の後背地（遠方）から広く支援を提供するための「広域当事者性」（本章1節を参照）を担保する点で，そして最後に，支援が行き届かないところをなくし，かつ支援する側の負担を平坦化するという意味での「分業性・平等性」を実現する点で，有効な支援施策の一つであろう。「地方の時代」をにらんで，この後，5節で焦点をあてる「インターローカリティ」（地域間連携）の観点からも大切な支援フレームワークだと見なしうる。

　ただし，いくつかの制約条件を頭に入れておくことも大切である。第1は，「対口支援」について大変手際のいい整理と論評を提供してくれている顧（2011）が指摘する問題群が重要である。まず，四川大地震後の「対口支援」では，支援側の経済力の不均衡により，被災地の中で新たな格差が生じかねない。より豊かなペアと組んだ被災地は恵まれ，そうでない被災地は復興が遅れるといわけである。次に，「対口支援」では，復興事業のための投資が支援する側にとどまってしまったという実態もあった。ある計算によると，支援投資の約70

%は支援側にとどまっていたと言う。これでは、被災地の経済復興にはつながらないどころか、かえって足を引っぱりかねない。さらに、「対口支援」制度は、もともと被災地の復興関係者の参加を促進するためのものであったのに、支援する側と支援される側の文化や生活習慣、事業のマネジメント法の違いなどから、被災地の行政機関や住民の参加が不十分となってしまったケースもあった。以上、四川大地震に見られた課題はほとんどそのまま東日本大震災における「対口支援」でも、留意すべき注意事項として該当するだろう。

第2は、矢守（印刷中）で論じているように、「トップダウン」と「ボトムアップ」の違いである。中国の「対口支援」は、中央政府の強力なリーダーシップのもと展開されたトップダウンの政策である。中国経済新聞（2008）によれば、今回の「対口支援」は、「全国が地震被災地の復旧再建支援に取り組むものであり、内容も一種の『ノルマ』として具体化されている点で、これまでとは大きく異なる」とされる。また、「省と直轄市のトップ（省長・市長）は、外国訪問を見合わせるように指示されており、被災地支援に全力をあげることが求められている」。その結果、「対口支援」が、支援する側の競争、すなわち、中央政府に対するデモンストレーション合戦に陥る危険性（地方首長の人事評価にも連動）も指摘されている。これと比較すると、東日本大震災後の「対口支援」は、良きにつけ悪しきにつけ、ボトムアップの仕組みである。今回、日本政府が「A市はB市の支援にあたれ」と体系的に号令をかけたわけではないし、まして、支援活動の成果について政府が評価を下すわけではないからだ。

第3に、中国社会で「対口支援」を可能にしている前提条件—模式的に言えば、〈1対9〉ではなく〈1対99〉だという条件—が重要である。この数字は、被災地域と被災地以外の他の国内地域との〈比〉である。すなわち、四川大地震は、9万人近い死者・行方不明者を出した巨大災害ではあるが、そこを支援可能な被災地以外の中国社会全体との〈比〉で見た場合、ほとんどの側面で〈1対99〉の割合を示す。すなわち、99人で1人を支援する構造になっている。たとえば、避難者数・被災者数と中国の総人口（1500万・4000万人対15億人）、被災地の面積と中国の総面積（10万平方キロ対960万平方キロ）、被害総額と中国全体のGDP（10兆円対450兆円）、といった具合である（数値はいずれも概数）。この圧倒的な体力差が「対口支援」を可能にしている。

他方で，日本社会の場合，〈1対99〉に対応するのは，阪神・淡路大震災（1995年）であり，逆に言えば，同震災以上の規模の災害が起これば，この構図は成り立たなくなる。実際，その発生が懸念されている首都直下型地震が起これば，この比は，たちどころに，〈1対9〉へと低下してしまう。たとえば，避難者数・被災者数（想定値）と日本の総人口（700万・1000万人以上対1.2億人），被害総額（想定値）と日本全体のGDP（110兆円対500兆円），といった割合である（数値は概数）。

では，今回の東日本大震災は，どうなのか。たとえば，東日本大震災の被災地は，概算で170を超える自治体（市町村区）に及んでいる。これは，東北から関東にかけての直接的な被害があったところのみで，広域的に避難した被災者を受け入れている自治体を加えれば，その数はもっと増える。170は，全国1700余りの市町村数の10分の1，ちょうど〈1対9〉である。ちなみに，阪神・淡路大震災の被災市町村は，兵庫県内の「10市10町」はじめ，30足らずであり，この数は，当時の自治体数（約3200）に対して〈1対99〉の比である。

また，東日本大震災の被害総額は，現時点（2011年4月）では，政府試算で最大25兆円とされている。しかし，ここには原発事故関係の被害は盛り込まれておらず，その広域的かつ長期的影響を考えれば，この数値は大きくふくらむ可能性も高い。つまり，上記のGDPに対して〈1対9〉の比に迫る可能性が高いと思われる。さらに，被災地の距離スケールにも同じようなことが言える。東日本大震災の主要被災地は，青森県から千葉県周辺まで全長500キロにわたっている。これに対して，阪神・淡路大震災の被災地となった市町村は，その主な部分はおおむね50キロ圏内に収まっている。日本列島の延長を3500キロと考えると，ここにも，〈1対99〉（阪神・淡路大震災）と〈1対9〉（東日本大震災）の違いが垣間見える。

要するに，上で論じた，「対口支援」本来の課題群，日本におけるトップダウン性，中央コントロールの希薄さ，さらに，被災地と国全体との〈比〉の問題を踏まえれば，日本での超広域災害において，四川大地震後に中国社会で展開されたのと同型の「対口支援」を実現することは，それほど容易ではないかもしれない。さらに，自治体を中心とする公助の論理による制約（たとえば，想定東海・東南海・南海地震では，これら3つの大地震の時間差発生も懸念さ

れ，そのような場合，被災していない自治体であっても，直ちにその全リソースを被災地支援に振り向けることは困難である）を考慮すると，こうした懸念はさらに大きくなる。

しかし，誤解のないように再記すると，上述したように，筆者は「対口支援」的なフレームワークは，今後の東日本大震災の被災地支援にとって—より一般には，今後発生が懸念される別の超広域災害における被災地支援にとって—，重要な役割を果たすと好意的に判断している。ただし，上記の懸念を考慮に入れると，それは，中国版「対口支援」の直輸入ではなくて，日本的なアレンジを加えたものであるべきだろう。実際，今般の大震災では，矢守（印刷中）で，「日本社会において，より現実的な『対口支援』は，都市部と村落部（中山間地）の特性差を活かした，民間，NPO ベースの交換支援のような形態かもしれない」と指摘していたことが現実化したように思う。たとえば，上記のカツオ漁つながりによる支援，2 節で例示した，八戸や弘前と阪神地域，あるいは，中越地方と阪神地域の「被災地つながり」をベースにした支援など，多種多様な「××つながり」（インターローカルな連携）が，そこここでボトムアップに誕生するようなタイプの「対口支援」に希望を託したいのである。

5.「インターローカリティ」—つながりについての考察—

「インターローカリティ」とは，閉じていることと開いていること，切れていることとつながっていること，特殊であることと普遍であること—以上 3 つの弁証法的関係を，その本質としている。

第 1 に，閉じていることと開いていること。この点は，大澤（1990）の規範論をベースに杉万（2006）が展開している議論をベースにして考えることができる。世界の成立（認識や行為の集合の最大範囲）は，ある対象が何であるかという意味的同定を必須としている。そうした世界は，夢想だにされないこと（もっとも強い意味での「想定外」！）を，その外部に放逐した限りでの内部を作ることで成立する。このことは，「想定外」という言葉がもつ社会心理的機能について論じた 3 節の記述からもわかる。いずれにせよ，内部は，外部との差異（境界）によって初めて内部として位置づけられるのだから，閉じている

（ように見える）内部は，その肝心要の基盤部分で外部と関係している，つまり，開いていることになる。

　言いかえれば，インターローカリティは，「想定外」を理念的に理解するのではなく，事実的に体験する格好の機会となる。筆者ら（矢守・吉川・網代，2005）がとり組んできた防災ゲーム「クロスロード」を用いた地域防災実践を，こうした考えの具体化として位置づけることができる。特に重要なのは，「クロスロード」において災害の機能を果たしているのは，ゲームで使われるカードに記載された災害に関する記述（たとえば，「被災から数時間。避難所には3000人が避難しているとの確かな情報が得られた。現時点で確保できた食料は2000食。以降の見通しは今のところなし。まず2000食を配る？」）ではなく，むしろゲームに参加する他者だという主張（矢守，2009）である。

　他者と災害とが機能的に等価であるとの主張は一見奇異に映るかもしれない。しかし，人間のもつ知的能力や想像力を極限まで活用したとしても，「想定外のことが起こる」という性質が，未来の災害の本質なのだとすれば，他者の本質もまた，この自己がもつありとあらゆる感受性と相互理解のための能力を発揮したとしても，そこから逃げていく疎遠なものである点（自己に対して「思ってもみなかったことを言う」存在だという点）にこそある。別の言い方をすれば，他者と災害はいずれも，この自己に対して，「これは想定外だ」，「このようなこともありえるのだ」という感覚を生じさせる点に，その本質的特徴をもっている。

　第2に，切れていることとつながっていること。社会心理学における古典的研究「スモールワールド研究」は，その後のネットワーク理論の進歩により，どのような社会的関係性が実際に「狭い世界」を生んでいるのかという構造同定の研究へと発展してきた（ワッツ，2004）。すなわち，クラスター係数が高い世界―「友だちの友だちは友だちだ」のような閉じた集合複数が島宇宙状に切れている世界であり，われわれが暮らす実際の世界もそうなっていると直観できる―でも，そこに非常にわずかな数（人と人とのつながり5000リンクに対してわずか1本程度）のランダムなつながりを挿入してやると，たちどころに世界の端と端とがわずか数名（典型的には「マジック6」と称される所以である6名）の仲介でつながる「狭い世界」へと変貌するのだ。

近年の各種ソーシャルメディアの発達は，この，それ自体は従来から存在する社会的構造を，「文字通りの偶然」の賜物（「エッ，あなたも彼を知っているんですか，奇遇ですね」）ではなく，「ある程度予想（期待）して得られる偶然」として，広く一般の人が享受することを可能にした。このことが，たとえば，防災の領域では，「運命としてのつながり」による防災（たとえば，自主防災組織など地縁的な防災組織）から，「選択としてのつながり」による防災（たとえば，同じ地震保険や共済で潜在的に結びついている多数の人びとによる相互扶助）へ，さらに，「（意図された）偶然としてのつながり」による防災（ツィッターによる防災，いわゆる「タイガーマスク」的支援，節電ゲームなど）へのシフトを生んでいる。

　上記の「偶然としてのつながり」による防災の典型は，東日本大震災でも重要な役割を果たしたツィッターを活用した防災実践であろう。その潜在的可能性を，一部のマニアだけではなく広く社会が自覚したのは，東日本大震災に先行すること数ヶ月，2010 年末から 2011 年初頭に日本列島（特に，山陰，北陸地方）を襲った豪雪災害（大雪による帰省ドライバーなどの国道上での立ち往生）の折であったと思われる。毎日新聞（2011）の記事によれば，このとき，当初はさまざまなタグが付き情報が混乱したが，有志約 10 人が共通のタグ「#sanin_snow」の使用を呼び掛け賛同を得た。その後，ツィッターが大雪による閉じこめからの脱出に重要な役割を果たすようになる。タグ設定に加わった人は「行政への不満のはけ口になった時もあったが，有益な情報のみ投稿しようと呼び掛けると落ち着いていった」と振り返っている。

　ツィッター等の新しいメディアに対しては，不正確で根拠のない情報，最悪の場合，意図的な誤報が流されるなどの危険性も指摘されている。また，今回もそうであったことが上で示唆されているように，そもそも，大部分のツィート（つぶやき）は，他との関係性をもたないまま消失したり未組織のままであったりするのが，通例だろう。つまり，多くの情報は，通常，何のつながりもなく切れている。しかし，ともかくもツィートがそこにあることが，―常にとは限らず実現はあくまで偶然の産物ではあるが―情報や善意が互いに応答し呼応し合う潜在性を担保している。これは，ちょうど，当初，「烏合の衆」でしかなかった人びとが，ツィッターというメディアを得て，大雪による立ち往生

からの脱出という共通の課題解決へ向けた「当事者群」として再編されたことと並行関係にある。つながりがメディアを求めるのではなく，メディアが（偶発的な）つながりを実現するわけである。

第3に，特殊であることと普遍であること。大澤（2011）は，彼が「普遍性」と対置する〈普遍性〉とは何かを説明するための思考実験として，次のように問う。われわれはなぜ，たとえば，源氏物語やオデュッセイヤなど，時代性も文化的環境もまったく異なる社会を前提にしてはじめて成り立つ文学作品に感動するのか，と。「それらの作品と今のわれわれに通じるものがあるからだ」という「普遍性」を前提にした説明を彼は退ける。「普遍性」は，結局のところ，「人間の執念は恐ろしい」といった陳腐な命題へと帰着するほかないからである。そうではなく，それぞれの作品（ローカリティ）が固有の歴史・文化との間に生む摩擦や葛藤—それでも，その生きがたさを生きている人間たち—に対して，われわれは共鳴する。〈普遍性〉とは，ある歴史・文化の特殊性に還元できない否定性のことであり，この否定性があらゆる文化・歴史（ローカリティ）を貫通している。

筆者が訪れた東日本大震災の被災地の集落（岩手県野田村）と，南海地震による津波災害を念頭に筆者がこれまでずっと関与してきた高知県の集落（高知県四万十町興津集落）。今，筆者はこの2つの地域を頻繁に行き来している。この2つのローカリティは，「普遍性」（津波メカニズムや防災行政無線の仕組み）によっても連携しうるだろうが，筆者が現地の方々と共に感覚する〈普遍性〉によっても連帯しうるのではないかと期待しながら—。

【引用文献】

渥美公秀　2011　待つ　矢守克也・渥美公秀（編）防災・減災の人間科学—いのちを支える，現場に寄り添う—　新曜社，Pp.211-215.

中国経済新聞社　2008　対口支援　[http://www.toho-shoten.co.jp/business/gakushu/singoga/singoga_23.pdf]

伊藤哲司・矢守克也　2009　インターローカリティをめぐる往復書簡　質的心理学研究, 8, 43-63.

岩手県　2004　岩手県地震・津波シミュレーション及び被害想定調査に関する報告書（概要版）岩手県

嘉田由紀子　2000　遠い水，近い水　嘉田由紀子・山田国広・槌田　劭（著）　共感する

環境学——地域の人びとに学ぶ　第 2 章

顧　林生　2011　【3・11 から】創造型支援での学びあいと住民参加を——四川大地震の対口支援の課題から——〔時事防災 Web〕今日の防災一覧・東日本大震災関係　2011 年 3 月 22 日 JIJI PRESS

毎日新聞社　2001　山陰豪雪：「ツイッター」が活躍　雪情報を共有　毎日新聞（2011 年 1 月 6 日付）

大澤真幸　1990　身体の比較社会学 I　勁草書房

大澤真幸　2011　「正義」を考える——生きづらさと向き合う社会学　NHK 出版

産業技術総合研究所　2010　平安の人々が見た巨大津波を再現する——西暦 869 年貞観津波——　AFERC NEWS, **16**, 1-10.［http://unit.aist.go.jp/actfault-eq/Tohoku/no16.pdf］

産経新聞社　2009　1000 年間隔で襲う津波，仙台内陸部まで遡上　産経新聞（2009 年 7 月 27 日付）

杉万俊夫　2006　コミュニティのグループ・ダイナミックス　京都大学学術出版会

寺田寅彦　1997　天災と国防　「寺田寅彦全集（第 7 巻）」岩波書店　p.311-322.

ワッツ, D.　2004　スモールワールド・ネットワーク——世界を知るための新科学的思考法　辻　竜平・友知政樹（訳）　阪急コミュニケーションズ

矢守克也　2009　「終わらない対話」とクロスロード　吉川肇子・矢守克也・杉浦淳吉（著）クロスロード・ネクスト——続：ゲームで学ぶリスク・コミュニケーション——　ナカニシヤ出版, Pp.28-44.

矢守克也　2010　〈環境〉の理論としての社会的表象理論　矢守克也（著）アクションリサーチ——実践する人間科学——　新曜社, Pp.211-230.

矢守克也　印刷中　四川大地震　河田惠昭・室崎益輝・林　敏彦（編）　災害対策全書——災害概論編——　ぎょうせい

矢守克也・吉川肇子・網代　剛　2005　防災ゲームで学ぶリスク・コミュニケーション——「クロスロード」への招待——　ナカニシヤ出版

吉村　昭　2004　三陸海岸大津波　文藝春秋社

1章
〈生活防災〉のすすめ

1.「土手の花見」

　防災の世界でよく知られた逸話に,「土手の花見」というものがある。私たち日本人は,春,花見を楽しむが,花見と言えば,川岸の土手に植えられた桜並木を思い浮かべる人も多いであろう（写真1-1参照）。では,なぜ,川の土手なのか。「実は,これは,防災と関係あるんだ……」と話は続く。花見は春である。その前は冬。川の土手は,降霜や氷結の作用によって緩んでしまう。そこへ,春を挟んで梅雨がやってくる。土手が弱体化したところに増水が重なると,土手の決壊につながりかねない。これを防止するために仕組まれたのが,「土手の花見」というイベントだという。増水時期を前に必要な土手のメンテナンスを,大勢の人間による踏み固め,あるいは,危険箇所の発見（土手の亀裂,流木等の河道閉塞（へいそく））という形で,ごく自然に,かつ,楽しみながら実現しようというアイデアだ。

　土手の多くがコンクリート護岸と化した現在,この話（特に踏み固めの部分）がどこまで有効なのかは不明である。また,植樹することが土手の強度に悪影響を及ぼすとする考えもあるようだ。しかし,筆者がここで注目したいのは,この工夫が,土手のメンテナンスという防災上の活動と,花見という別の活動,しかも,人びとが進んで参加しようと考える活動とを巧みに重合させている点である。「土手の花見」は,防災という社会的活動を成功させるためには,防災を他の諸活動から孤立させることなく,防災とそれらとを上手に連携させる必要があることを示唆しているように思える。

写真 1-1 （写真）「土手の花見」を楽しむ人びと
（フリー百科事典『ウィキペディア（Wikipedia）』より）

2.〈最適化防災〉の限界

　これまで，防災は，自然現象そのもの（地震，津波，豪雨など），建築，ライフライン，経済，情報伝達，心のケアなど，防災上の諸側面に関わる専門家が，それぞれの側面ごとに，地域や時代を超えて普遍的に通用する法則性，最適解を究明し，かつ，それらを一般住民や行政機関（国や地方自治体）に伝授するというスタイルを基本としてきた。それを受けて，一般住民や行政機関は，個々の価値観，あるいは，予算や法令上の制約条件を踏まえ，数ある課題の中から当面の目標を少数の側面に絞り込んでその最適化を図るという戦略をとってきた。こうした〈最適化防災〉が，これまで多様な領域で多くの成果を上げてきたことは事実である。

　しかし，〈最適化防災〉にも自ずと限界はある。一般家庭でも行政機関でも，固有の履歴・事情—たとえば，家庭では，家計や家族構成の状況など，行政機関では，それまでの防災投資，過去の被災履歴，財政状況，組織体制など—を抱え，それに拘束される以上，防災に関わる諸側面すべてについてその最適化を図ることは，現実的にはほとんど不可能である。いや，諸側面の1つを最適化することすら困難であることが多い。たとえば，地域住民の多くが防災に無

関心な地域で凝りに凝った情報伝達訓練を頻繁に実施するとか，財政が逼迫した自治体ですべての公共建造物に理想的な耐震化工事を施すとか——こういったことは，事実上不可能だからである。むしろ，専門家の眼鏡に適うだけの理想（最適化）を目指すアプローチは，かえって，「そんな難しいことをしなくてはいけないのなら，もう防災のことはあきらめた，運を天に任せる」といったあきらめの態度すら生じさせかねない。〈最適化防災〉だけに依存することはできないのだ。

そこで求められるのが，理想的なゴール地点（最適化）を目指す防災から，現実的なスタート地点（それぞれの事情）から入る防災への転換である。このとき重要なことは，——あたりまえのことだが——防災は，人びとの生活における重要な要素・側面ではあるが，あくまで，多くの要素・側面の1つに過ぎないという事実である。防災は，経済（家計），教育（子育て），環境（ゴミ出し），福祉（介護），娯楽（花見）といった種々の要素・側面が渾然一体となった生活まるごとの中に混融しているのである（「まるごと」の存在の重要性については，岡田・榊原（2004）を参照）。だから，この渾然一体となった生活全般を防災の現実的なスタートラインとして踏まえる必要がある。そもそも，防災の営みが進捗しない最大の原因は，「他のことで精一杯」というしばしば耳にするフレーズに集約されているように思える。「うちは，年寄りの介護で精一杯，来るかどうかもわからない地震のことなんて……」，「うちの町では，ゴミ問題が先決……」といった具合である。つまり，家庭においても行政機関においても，防災と他の生活領域，他の行政分野との間のトレード・オフ（コンフリクト）が，防災を阻む最大の壁として立ちはだかっているわけである。

3.〈生活防災〉とは何か

他の生活領域，行政分野とのトレード・オフに突き当たって，私たちは，あらためて「土手の花見」の先見性を知ることになる。すなわち，「土手の花見」は，ここで言うトレード・オフを前提にしてその制約下で防災の最適化を図ろうとするのではなく，トレード・オフ関係そのものを解消する方向性を示しているのだ。実際，上述したように，防災が，生活全体の中に他の諸領域ととも

に混融しているのだとすれば，防災（あるいは，その中の特定の側面）だけを抽出し，その最適化を図ることは現実的ではない。生活まるごとにおける防災，言い換えれば，他の諸領域と引き離さない防災をこそ追求すべきである。本書では，以下，こうした防災のことを，〈生活防災〉と呼ぶことにしよう。

　実は，〈生活防災〉は，部分的にではあるが，何人かの先駆者たちによってすでに実践に移され一定の成果を生み出しつつある。そのきっかけとなったのが，空前の都市型災害となった阪神・淡路大震災（1995年）である。この未曾有の大震災によって，〈最適化防災〉（のみ）に依存することの危険性がはっきりと露呈したのである。すなわち，地震予知，建造物の耐震化，ライフラインの整備，情報伝達システムの強化―どれも非常に大切なことではあるが，いずれも単体としては明らかに力不足であった。そして，より重要な事実として，多くの人が，たとえ将来，それぞれの側面が単体として〈最適化〉されたとしてもけっして十分ではないだろうという直感を得た。むしろ，震災の重要な教訓として得られたのは，「コミュニティの重要性」，「助け合いの必要性」，「普段の意識，準備の大切さ」といった，ある意味でとらえどころのない茫洋とした事項群であった。これらこそ，生活全体の中に浸透・混融した防災，すなわち，〈生活防災〉が目指すところにほかならない。

　以下，節をあらためて，筆者が，〈生活防災〉の実践事例と考えるケースをいくつか紹介したいと思う。もっとも，これまでの行論から明らかなように，〈生活防災〉は，特定のツールや訓練方法など個別具体的な手続きと結びついているわけではない。よって，ここで紹介する事例においても，その具体的な現れは多種多様である。また，各事例とも，実践者たちが，筆者の言う〈生活防災〉の実現を自覚，意図していたかどうかも不明である。つまり，結果として，あるいは，意図せずして〈生活防災〉が実現されている場合もある（増補1章4節参照）。とは言うものの，いずれの事例においても，これまで述べてきた基本的な方向性が大筋で共有されていることはご理解いただけるものと思う。

4.〈生活防災〉の実践（1）―ゴミと防災―

(1) 災害廃棄物―第2の災害―

　2004年，わが国は多くの自然災害に見舞われた。新潟県，福島県を中心とする豪雨災害（7月），福井県を中心とする豪雨災害（7月），兵庫県，京都府などに大きな被害をもたらした台風23号災害（10月），そして，新潟県中越地震（10月）などである。これらの被災地に共通して浮上した課題の1つとして，災害廃棄物（ゴミ）処理の問題がある。この廃棄物問題は，過剰な救援物資の処理問題と並んで，被災地を襲う「第2，第3の災害」と称されるまで深刻化している。

　1例を挙げよう。神戸新聞（2005年1月7日付）が，台風23号災害（2004年10月20日）の被災地の現状について，「ごみ処理率なお14%　台風被災，但馬の3市町」の見出しとともに次のようにレポートしている。

> 昨年10月の台風23号で大規模な水害に遭った豊岡市，兵庫県城崎郡日高町，出石郡出石町が，2カ月半が経過した現在も被災家屋から出た膨大な災害ごみの処理に悪戦苦闘している。同市などは神戸，西宮市など県内の5市2町に加え，大阪府の約20市町にも可燃物の焼却処理の協力を依頼。春までの処理を目指している。…（中略）…台風23号で豊岡市など3市町は，住宅計約4400世帯が全半壊または床上浸水の被害を受け，がれきや使えなくなった家財道具など計約42000トンの災害ごみが出た。同市だけでも約32000トンで，通常排出量の1年半分に上る。県内自治体の協力を得て3市町が処理できたのは約14%…（中略）…兵庫県は周辺の県にも協力を打診したが，いずれも台風被害に遭い「地元のごみ処理で手いっぱい」との回答。処理能力に余裕があった大阪府が受け入れを決定した……。

　想像を絶する膨大なボリュームである。しかも，この記事は，被災から2ヶ月以上を経た時点のものである。この問題がいかに長期にわたるものであるかを察することができる。廃棄物処理は，災害復旧・復興の最初の第一歩である。かつ，写真1-2に示されているように，特に，水に浸かった廃棄物は衛生上の

写真 1-2　災害ごみの山がいくつも並ぶ仮置き場。
腐敗する際に発生する熱で水蒸気が上がる
（2005 年 1 月 6 日，豊岡市神美台，神戸新聞社撮影）

観点からもその迅速な処理が要請される．しかし，このレポートにあるように，現実は非常に厳しい．

　災害廃棄物処理問題の緩和・解消に向けて，どのようにアプローチすればよいだろうか．大きく分けて 2 つの方向性がある．第 1 は，事後における廃棄物処理能力の向上である．すなわち，上掲の新聞記事も示唆しているように，自治体間で災害廃棄物処理に関わる相互応援協定を締結し，実際に運用するなどの方法が考えられる．これは，たしかに有効な手段であり今後是非進捗させてほしい方法ではある．

　しかし，特に，〈生活防災〉の観点に立ったときには，もう 1 つの方向性も十分考慮しておく必要がある．そのヒントは，「地元のごみ処理で手いっぱい……」というくだりにある．災害廃棄物処理について自治体間で相互に応援しようにも，応援側の処理能力に余裕がなければ，せっかくの計画も画餅に帰してしまう．そして，ここで重要なことは，処理能力は，自治体および地域住民の日常のごみ問題への取り組みにかかっているという点である．要するに，日常的なごみ減らしに住民，企業，自治体などが一体となって取り組むことは，──ごみ問題への対策として奏功するだけではなく──有効な防災・減災対策にもなるのである．

(2)「名古屋の暑い夏」の貢献

ここでの議論の妥当性を大変クリアーに示してくれる実際の事例がある。それは，2000年9月11～12日にかけて，名古屋市周辺を襲った「東海豪雨」である。場所によって2日間の積算雨量が600ミリに上り，庄内川水系の新川など数ヶ所の堤防が破堤，名古屋市，西枇杷島町など17市町に災害救助法が適用された大災害である。

この東海豪雨の後にもち上がった災害廃棄物問題について，名古屋市長松原武久氏が，その著書「一周おくれのトップランナー―名古屋市民のごみ革命―」の中で，大変興味深い事実を紹介している（松原，2001）。話は，前年（1999年）の藤前干潟廃棄物処分場計画中止にまで遡る。同所が貴重な野鳥飛来地でもあることから，住民等の強い反対運動で同処分場建設が中止されたことも手伝って，名古屋市ではごみ処理問題が深刻さを増した。そして，同年2月には，「ごみ非常事態宣言」に至る。至上命題は，「ごみの減量」である。甲論乙駁のなか，数々の施策が市，住民ぐるみで展開された。そして，「名古屋の暑い夏」と呼ばれた2000年（平成12年）8月には，懸案となっていた紙製・プラスチック製容器包装の資源回収が開始された。この結果，図1-1に見るように，名古屋市の家庭ごみは激減した。2000年（平成12年）8月以降の1日1人当たりのゴミ量は902グラムで，これは人口50万人以上の都市の平均値1431グラムはも

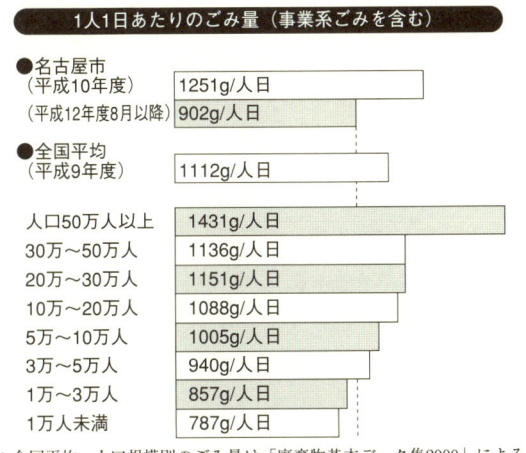

1人1日あたりのごみ量（事業系ごみを含む）

●名古屋市（平成10年度）	1251g/人日
（平成12年度8月以降）	902g/人日
●全国平均（平成9年度）	1112g/人日
人口50万人以上	1431g/人日
30万～50万人	1136g/人日
20万～30万人	1151g/人日
10万～20万人	1088g/人日
5万～10万人	1005g/人日
3万～5万人	940g/人日
1万～3万人	857g/人日
1万人未満	787g/人日

＊全国平均，人口規模別のごみ量は「廃棄物基本データ集2000」による。

図1-1　名古屋市のごみ量の変化（松原，2001より）

ちろん,全国平均1112グラムをも大きく下回るものであった。市内の処理場はほっと一息ついたのである。東海豪雨のちょうど一ヶ月前のことであった。
　この余裕が,東海豪雨が生んだ膨大な量の災害廃棄物の処理に大きな役割を果たした。名古屋市は,自市のものはもちろん,特に大きな被害を受けた西枇杷島町はじめ周辺市町からも大量のごみを受け入れ,その後半年間に処理した廃棄物の処理総量は44000トンに上った。松原氏は,こう述懐している。

　　東海豪雨が,たとえば平成10年度［1998年度；引用者注］のようなごみ量のピーク時に訪れていたらと考えるとゾッとする。新資源収集によって大幅にごみが減り,焼却工場にも余力が生まれていたから,一部工場の運転停止にもびくともしなかったし,他市町の災害ごみを受け入れることができた（松原,2001；p.200）

防災は,決して,「危機管理課マター」ではないのだ。

(3) シンプルライフがもたらすもの

　ごみの減量化と防災・減災の隠れた関係は,自治体レベルでのみ見いだされるわけではない。これら2つは,家庭や地域における〈生活防災〉においても密接につながっている。たとえば,武居（2004）は,「シンプルライフ術」（大原,2002）という,防災とはまったく無関係のライフスタイル指南書を引きながら,ユニークな防災論を展開している。同書は,たとえば,部屋に余計な調度品,装飾品を置かないこと,クルマに頼らない生活などを奨めている。これらのことは,無駄な買い物を減らし,資源消費を抑えごみを減らし,地球環境にやさしいシンプルライフを実現するのだが,同じことが,そのまま防災上の効能をも有する点が大切である。無駄な物がない室内は,頭上に落下するもの,蹴つまづくものを減らし,家屋内の安全に資する。室内が整理整頓されていれば,貴重品等をすぐにもち出すこともできる。また,自ら歩くことは身体能力を高め,また地域の事情を知ることにもつながり,結果として災害時の生存可能性を高める。
　これに関連して,多くの実践家が指摘するように,デッド・ストック（あて

のない備蓄）と対照されるランニング・ストックも重要である。ストックは，一見，ものを減らすことと矛盾するように思えるかもしれないが，たとえば，いけうら防災ネット（2005）が示した以下のアドバイスに耳を傾けてみよう。

> 普段から1週間分の買い置きをして，先入れ先出しで補充と使用を繰り返し，常に1週間分の食材が手元にあればいいわけです。ランニング・ストックですね。ランニング・ストックなどと書くとなんだか特別のことのように思えますが，20年位前の暮らしを思い出してみてください。盆正月の商店街はどうでした？　コンビニも珍しかったあの頃，開いているお店などありませんでした。正月三が日はどうやって「食い繋ぎ」ました？　お節を食べ，雑煮を……（後略）。

シンプルライフを阻害するのはデッド・ストックであってランニング・ストックではないのだ。むしろ，ランニング・ストックの考え方は，普段使いのアイテムで非常時を乗り切ろうとする点で，〈生活防災〉のよき範例となっている。

　たしかに，自治体が災害廃棄物処理能力を高めたからといって，また，人びとがシンプルライフを営んだからといって，自然のハザードそのもの（地震動や暴風雨）を回避できるわけではない。しかし，防災は，事前防災だけで成り立っているわけではない。直後の緊急対応や中長期の復旧・復興活動も防災活動の重要な一こまである。これまで見てきたように，ゴミ問題に日常から取り組みその改善を図ることは，確実に，災害後の人びとの暮らしをよい方向に向ける。この点，ゴミ問題への取り組みは，日常の暮らしの中から防災を立ち上げる〈生活防災〉の恰好の事例であると思われる。

5. 〈生活防災〉の実践（2）——高齢者福祉と防災——

(1) 犠牲者の高齢化，死因の多様化

　本節でも，4節に引き続き，2004年，わが国を襲った災害に関する注目すべきデータから論を起こそう。それは，高齢者の被災・犠牲という事実である。新潟県の発表（新潟県，2005）によれば，新潟県中越地震で亡くなった人は

48名であったが,このうち,65歳以上の高齢者は27名で全体の56％に達する。また,相次いだ風水・土砂災害で亡くなった人は,2004年間1年間で,合計238名にも及び,65歳以上の高齢者が126名（53％）を占める。近年の高齢化率（全人口に占める65歳以上人口の割合）は,全国平均で約18％であることを踏まえると,これらの数字がいかに大きなものであるかが了解される。

　高齢の犠牲者の発生原因が多様化していることにも目を向ける必要がある。中越地震では,地震動そのものによる犠牲（家屋の倒壊による圧死など）はもとより,長期化する避難生活や厳しい生活再建に伴う過労やストレス,あるいは,持病の悪化による死者（いわゆる「エコノミークラス症候群」も含む）が目立った。新潟県（2005）によれば,48名の死者のうち,死因として,疲労,ストレス,持病の悪化のいずれかが指摘されている人が14名（うち9名が65歳以上）にも上っている。これに地震によるショック死を加えると合計27名(うち20名が65歳以上）となる。

　風水害による死者についても,死因が多様化している現状は同様である。牛山（2005）は,台風23号災害を中心に,2004年中に発生した豪雨災害による死者について論じ,いくつかの興味深い指摘を行っている。第1に,洪水そのものによる直接的犠牲者が多かったことである。7月の新潟・福島豪雨では死者15名中12名,10月の台風23号では96名中31名が洪水による犠牲者であった。近年の豪雨災害の犠牲者の多くが土砂災害によるものであったことを踏まえると,これは2004年の豪雨災害の特徴の1つであった。しかも,バスが国道上で立ち往生したケースに典型的に現れているように,洪水による被害は,自宅（周辺）での被害だけではなく,移動中（旅行中,帰宅中,あるいは,避難所への移動）にも生じている。ところが他方では,牛山が「事故型」と分類するケース（田畑などの見回り時に誤って用水路に転落する,家屋の補修中に瓦などが身体に当たるなど）も増加し,また,9月の三重県宮川村での災害のように,土砂災害による犠牲もけっしてなくなったわけではない。

　以上に概観してきた被災者の高齢化,そして,被害（死因）の多様化も,〈最適化防災〉の限界を示唆しているように思われる。すなわち,堤防や砂防ダムの建設,建造物の改良,避難所運営の改善―いずれの施策も,もちろんそれぞれに有効性をもっているのだが,頻発化かつ多様化する災害を前には,どれ1

つとっても単体としては決定打とはなっていないのだ。むしろ，どこかを最適化しても，その側面においては封じ込められた被害が，他のより脆弱な側面で顔を出すというモグラ叩きにも似た状況が発生しているわけである。

では，どのようなアプローチをとるのか。項をあらためて検討しよう。

(2) 思考実験―何がリスクなのか―

室崎 (2005) をヒントに，1つの思考実験を試みてみよう。

現在，わが国が直面している最も大きな自然の脅威は，おそらく，東海・東南海・南海地震（および，それに伴う津波）の（同時）発生による「スーパー広域災害」（河田，2003）であろう。内閣府の被害想定によれば，これらの3震が同時に発生した場合，最悪のケースでは，約25000人が死亡すると予想されている。ここで，こうした海洋プレート型の大地震がおよそ100年の周期をもってわが国を襲い，ときに万の単位に及ぶ犠牲者を出してきたという事実を想起しておこう。すなわち，直近が昭和地震（1944年，および，1946年），その前が安政地震（1854年），もう1つ前が宝永地震（1706年）であり，目下，21世紀前半に訪れるであろう「その次」が懸念されているわけである。以上を踏まえると，―こうした形式的な計算はナンセンスと考える向きもあろうが―，仮に，スーパー広域災害が25000人の命を奪うとしても，それが100年に一度の事象であるとすると，年間当たりの犠牲者は250人と考えておくことができる。

この年間250人という数値を，たとえば，年間2232人，年間3039人，年間7358人，年間32325人という4つの数値と比較対照させてみたい。これらは，順に，火災による死者（2002年データ，総務省消防庁）。浴槽内での溺死および溺水による死者（2000年データ，厚生労働省統計情報部），交通事故による死者（2004年データ，警察庁交通局），自殺による死者（2004年データ，警察庁生活安全局）の数である。冒頭で紹介した「起るかどうかわからない地震よりも，うちでは××が先決……」というエクスキューズが聞こえてきそうな，いずれも非常に大きな数値である。防災とほかの生活諸側面への取り組みとを混融させた〈生活防災〉の必要性を示唆するデータでもある。

さらに，ここで注目しておきたいのは，これらの数値の内訳である。まず，

火災については，死者2232人のうち，65歳以上の高齢者は843人で全体の38%を占めている。しかも，この割合はここ数年高止まりしている。さらに，発生経過別にみると，843人のうち434人（51.5%）が「逃げ遅れ」であり，小児・成人（6〜64歳）の28.3%を大きく上回っている。「火災そのものの増加もさることながら，火災で逃げ遅れる人，特に逃げ遅れる高齢者が増えている」との室崎（2005）の警告が重要である。加えて，浴槽内での事故でも65歳以上の高齢者は全体の87%（2633人）を占める。交通事故死でも7358人中，65歳以上は3046人（41%）であり，10年前には30%そこそこであった高齢者比率が年々上昇し，最近2年間は40%を越えている。自殺も同様であり，60歳以上が10994人で全体の34.0%に達している。

(3) 脅威の多様性から被害の共通性へ

　前項のデータを整理しよう。地震や津波によるスーパー広域災害は，私たちが直面する大きな脅威（リスク）ではあるが，現代社会はそれと並ぶ大きな脅威をごく身近に多数抱えている。しかも，いずれの脅威においても高齢者が「弱者」となりがちである。加えて，脅威は，自然そのもの（地震や津波），加齢による身体能力の低下や不注意に起因するもの（浴槽内の事故，失火，交通事故の一部），人間による犯罪（放火），そして自殺と非常にさまざまである。
　ここで，従来の〈最適化防災〉の論理に依拠するならば，その他の脅威はそれぞれの領域に委ねて，防災はひたすら災害因の低減・抹消へと向けて取り組みを展開するところである。しかし，〈生活防災〉の視点に立てば，別の発想も出てくる。すなわち，危険因は多種多様でも，被害のサイドには明らかな共通性―高齢者が犠牲となっている―があるのだ。それは，現代社会における暮らし，生活の側に，多様な脅威（リスク）に対して共通の脆弱性が潜んでいるからにほかならない。危険因の多様性にとらわれ危険別の施策を進めるのではなく，共通する社会的脆弱性に焦点化した対応も可能なはずである。たとえば，単純素朴に，近所で，「こんにちは」と声を掛け合う機会，相互に訪問する機会が増えることだけで，防災に（だれがどこにいるかがわかり救援活動が促進される），防火に（近隣住民に声をかけられることは放火犯を思いとどまらせる），事故防止に（一人暮らしの高齢者宅を頻繁に訪問すれば家庭事故の

早期発見につながる）、さらには、間接的には自殺抑止にも（独りで悩むよりはよき相談相手がいた方がいい）よい影響を与える可能性がある。他の諸領域と引き離さない防災、まさに、〈生活防災〉である。

上で論じてきたことの一部を実証する調査データも存在する。立木（2004）は、コミュニティ意識（自律・連帯意識）が高い地域では、放火件数が少ないことを調査研究を通して明らかにしている。すなわち、神戸市を構成する558の地域（郵便番号による区分）について、神戸市消防局が調査した1993年～2002年の10年間の放火件数データと、まったく独立に収集したコミュニティ意識に関する調査データ（神戸市が実施した「市民1万人アンケート」）とを重ね合わせたのである。その結果、たとえば、「道路・公園の維持管理は市民主体で……」と回答した住民が多い地域はそうでない地域よりも、さらに、「用事があるとき、自分から近所の人に話しかける」と回答した住民が多い地域はそうでない地域よりも、放火件数が統計的に有意に少ないことが見いだされた。

最後に、高齢者福祉と防災を融合させた実際の取り組みについて、いくつか見てみよう。阪神・淡路大震災（1995年）の後、神戸市は、「防災福祉コミュニティ」という事業を進めている。同事業は、神戸市（2005）によれば、

> 神戸市では、震災の教訓を踏まえて、日頃からみんなで福祉活動と防災活動に取り組み、災害時には、ひとつになって地域を守る活動ができるよう、小学校区単位で防災福祉コミュニティづくりを進めています。平成15年1月現在市内178地区で防災福祉コミュニティが結成されています

とされている。その名の通り、防災と福祉を組み合わせた、しかも被災地ならではの取り組みである。具体的には、たとえば、須磨区の友が丘防災福祉コミュニティでは、区域内にある福祉施設が夜間の避難訓練を行う際、非常サイレンの音を聞いた近隣住民が応援に駆けつけている。同施設では自力で避難できない人が多いため、近隣住民が車椅子やベッドなどを押し、避難誘導を手伝っているのである。

和歌山県による「避難支援台帳」作りも、新しい動きとして注目される（和

歌山県, 2005)。東南海・南海地震による津波が起きた際, お年寄りや障害のある人を助けるための台帳である。地域の自主防災組織などが手助けを必要としている人を調査し, 希望者1人につき防災組織内から複数の避難支援者を選び, 「避難台帳」にまとめ管理するという。要援護者と避難支援者の登録は, いずれも希望制である。もちろん, こうした情報の取り扱いについては, プライバシーの保護や情報管理上の問題点が指摘されている。同時に, 民生委員やボランティアといった民間の人びとに, 要援護者の所在確認や避難誘導を委ねることについては厳しい意見も存在しており, 現時点で手放しで評価することはできない。しかし, 筆者としては, 住民, 行政一体となった防災台帳作りのプロセス（家庭への訪問調査など), 支援者と被支援者との間の平時からの交流が, 防災力そのものを伸長させるのみならず,〈生活防災〉の試みとして, 日常的な高齢者福祉にも貢献する点にも目を向けたいと思う。

6. 最後に—「楽しさ」と「ハードウェア」—

　以上,〈生活防災〉の実践例についていくつか紹介してきたが, 最後に, 今一度, 冒頭の「土手の花見」に戻って, 4, 5節の事例ではカバーできなかった2つの要素について加筆して, 本章をしめくくりたい。

　第1は,〈生活防災〉における「楽しみ」という要素である。「土手の花見」の巧みさは, 花見というエンターテインメントと防災とを重合させた点にあった。4節, 5節で紹介した事例群は, この点については若干弱かったかもしれない。しかし, だからといって,〈生活防災〉と「楽しみ」とが無縁というわけではない。実際, 大がかりなイベントを伴った地域防災に関する先駆的取り組みで知られる「ハローボランティア・ネットワークみえ（ハボネット)」の活動について, 中心人物の1人三重県職員の平野昌氏は「防災を表に出すことは意識的に控えている。イベントは楽しいから長続きする」と語り, 防災研究者の小村隆史氏は, ハボネットは現代版の「土手の花見」と高く評価している。

　筆者らが近年取り組んでいるゲーミング（ゲーム)による防災活動も, 「楽しさ」を伴った〈生活防災〉について1つの可能性を提示するものと考えている。たとえば, 筆者らは, 阪神・淡路大震災から10年を経た2005年, 防災ゲ

ーム「クロスロード」を開発した（矢守・吉川・網代，2005）。「クロスロード」は，阪神・淡路大震災の被災地の第一線で活動した神戸市職員を対象としたヒアリング調査の結果（矢守・重川・林，2004）を，「あちらを立てればこちらが立たず」というトレード・オフ型の意思決定素材を用いた集団ゲームのかたちに加工・表現したものである。ポイントは，ゲームという媒体によって楽しく学べる点，および，防災上の課題について複数の参加者が話し合う過程で，自然なかたちで防災のみならず生活上の諸課題（環境，福祉，教育など）にも議論が及ぶ点にある。

また，筆者らは，これとは別に，「ぼうさいダック」という主として幼児を対象とした遊技型のカードゲームも開発した。これは日本損害保険協会により製作され広く活用されている（日本損害保険協会，2005，図1-2を参照）。「防災ダック」は，ものごとへの基本的な対応を意味する「first move（最初の第一歩）」を鍵概念に，自然のハザード（防災）だけではなく，防犯（誘拐やひったくり），交通安全，さらには，日常のマナーまでを包括したコンテンツ構成となっている。子どもたちが一種のお遊戯として身体を動かしながら，楽しく，かつ，身近な生活上の問題とともに防災について学ぶことができるように工夫されている（吉川・矢守・杉浦，2009）。

第2は，「ハードウェア」（もの）の重要性である。「土手の花見」には，堤防（土手），および，桜の木というハードウェアが登場した。筆者が心理学分野の出身ということもあって，本章で取り上げた事例の多くはソフトウェアに関するものであったが，〈生活防災〉の取り組みは，ソフトウェアに限定されるわ

図1-2 「ぼうさいダック」のカードサンプル
（左：地震カード（表・裏），右：火災カード（表・裏））
（日本損害保険協会，2005）

けではない。たとえば、洪水防止、灌漑、発電など多様な機能をもつ多目的ダム、高潮対策、道路、余暇空間（釣りほか）など複数の機能を果たす堤防といったハードウェアは古くから存在し、防災を生活の中へと取り込む〈生活防災〉に一定の役割を果たしてきた。

さらに、近年は、〈生活防災〉の思想をより鮮明に体現した新しいタイプのハードウェアも登場している。たとえば、和歌山県大紀町（旧紀勢町）錦地区に、東南海地震・津波に備えた津波避難施設「錦タワー」がある（写真1-3）。かつて津波で大きな被害を出し、かつ、高所への避難路を確保しにくいことから建設されたものだ。地震動による破壊や船舶等の衝突も想定した設計となっており、最高部約22メートルのタワーは、内部に住民500人程度が避難できるスペースをもつ。そして、通常は、地区住民の集会所、防災機材・物資の倉庫、および、防災資料の展示場として機能している。

より身近なところでは、クルマ（自家用車）も、〈生活防災〉を支えるハー

写真 1-3　津波避難施設「錦タワー」（河野哲彦氏提供）

ドウェアに該当するだろう。クルマはむろん普段の生活に活用できるが、災害時にも大きな役割を果たす。「エコノミークラス症候群」には留意が必要とはいえ、夜露、寒さをしのぐことができ、電源となり（ラジオほか）、かつ移動・運搬手段ともなるクルマは、——とりわけ土砂災害や津波等によって孤立するおそれのある集落では——非常に重要なハードウェアである（河田、2003）。バッテリーチェック、こまめな給油など整備・点検を心がけることは、日常、非常双方に有益であり、まさに〈生活防災〉の実践でもある。

　〈生活防災〉は、生活総体に根ざした防災である。したがって、その主人公は、個別領域の専門家よりもむしろ、普段の生活を知る住民一般、普段の行政に携わる第一線の自治体職員である。また、生活のありようは、当然、時代、地域、文化によって変わる。その意味で、〈生活防災〉に普遍的な解（最適解）は存在しない。その時代、その地域に合った知恵・施策を、ローカルにテンタティヴに創造していくほかない。これは、一見ゴールなき過酷な道のりに映るかも知れない。しかし、別の見方をすれば、多くの人びとが自らの創意工夫を活かすことができ、かつ、日常的にもその成果を享受しながら進めることが可能だという点で、むしろ、やりがいに満ちた歩みであると思われる。

【引用文献】

いけうら防災ネット　2005　日頃の備え　「いけうら防災ネット」ウェブサイト
　　（http://www.ai21.net/bousai/）
河田惠昭　2003　南海地震について　京都大学防災研究所 21 世紀 COE フォーラム講演資料（2003 年 7 月 30 日）
警察庁交通局　2005　平成 16 年中における交通事故の発生状況
警察庁生活安全局　2005　平成 16 年中における自殺の概要資料
吉川肇子・矢守克也・杉浦淳吉　2009　クロスロード・ネクスト——続ゲームで学ぶリスク・コミュニケーション——　ナカニシヤ出版
神戸市　2005　防災福祉コミュニティって？　「神戸市協働と参画のプラットフォーム」ウェブサイト（http://www.kobe2001.or.jp/kyoudou_kouiki/kouiki008.htm）
神戸新聞社　2005　ごみ処理率なお 14％　台風被災、但馬の 3 市町　神戸新聞 2005 年 1 月 7 日付
厚生労働省統計情報部　2001　平成 12 年度人口動態統計
松原武久　2001　一周おくれのトップランナー——名古屋市民のごみ革命——　KTC 中央出版
室崎益輝　2005　予防防災と CODE の役割　海外災害援助市民センター（CODE）講演

会シリーズ「人道援助と国際協力」講演資料
日本損害保険協会　2005　ほうさいダック
新潟県　2005　平成 16 年新潟県中越大震災による被害状況について（第 162 報）
岡田憲夫・榊原弘之　2004　参加型コンフリクトマネジメントの概念形とその分析装置としてのコンティンジェント・ゲームモデル　第 30 回土木計画学研究発表会・講演集（CD-ROM 版）
大原照子　2002　大原照子のシンプルライフ術　大和書房
総務省消防庁　2003　平成 14 年における火災の概要
武居弘純　2004　住民の地震被害軽減に及ぼすライフスタイルの改善に関する研究　京都大学大学院工学研究科修士論文
立木茂雄　2004　神戸における「自律と連帯」の現在　都市政策, 116, 88-105.
牛山素行　2005　2004 年 10 月 20 ～ 21 日の台風 23 号による豪雨災害の特徴　自然災害科学, 23, 583-593.
和歌山県　2005　和歌山県津波避難計画策定指針
ウィキペディア財団　2005　フリー百科事典『ウィキペディア（Wikipedia）』(http://ja.wikipedia.org/wiki/)
矢守克也・吉川肇子・網代 剛　2005　防災ゲームで学ぶリスク・コミュニケーション―クロスロードへの招待―　ナカニシヤ出版
矢守克也・重川希志依・林 春男　2004　トレードオフを伴う意思決定過程として見た災害対応過程　地域安全学会論文集, 6, 277-282.

2章
防災のタイム・スケール
―〈1年〉・〈10年〉・〈100年〉の防災―

1. 生活のリズムと自然のリズム

　1章で紹介した「土手の花見」に，再び立ち戻りたい。ただし，今度は，この逸話が示唆する別の教訓に目を向けてみよう。それは，防災という社会的活動がもつ「タイム・スケール」，別の言い方をすれば，防災活動の「リズム（周期性）」である。すなわち，「土手の花見」の見事さは，桜の開花という自然現象に触発される人びとの周期的な活動（花見）と，防災の対象とすべき自然現象（洪水）が有する周期性とを巧みにシンクロナイズさせている点にも認められる。花見というイベントの毎年毎年の繰り返しが，こちらも毎年訪れる梅雨期の増水というハザードに対する自然で無理のない防御につながっているからである。言い換えれば，人びとの実践的な生活のリズムと自然のハザードが有するリズムとを上手にマッチングさせることが防災にとっては重要だということを，「土手の花見」は語りかけているのだ。しかも，生活のリズムという用語は，ここでの議論が本書全体のテーマである〈生活防災〉とも密接に関連することを示唆している。

　ただし，話はそれほどスムーズには運ばない。防災の対象となる自然のハザードが有するリズムは，長短，実にさまざまだからである。つまり，短は，たとえば，夏場，山沿いで毎日のように発生する雷雲など，日単位のものにはじまって，「土手の花見」に見られた年周期のもの，さらに，経験的に「10年に一度」というラベルが貼られたハザードもある。他方，長は，海溝型の大型地震のように，人生で一度出会うか出会わないかという程度の100年周期のもの，あるいは，人間の活動リズムとは遠くかけ離れた数千年，数万年といった周期

(return period) をもつと推定されている活断層地震まで存在する。

つまり,「土手の花見」に範をとって〈生活防災〉を実現すべく,生活のリズムと自然のリズムとをマッチングさせようにも,両者のスケールが大きく食いちがっている場合があるのだ。すなわち,日周期,年周期あたりまでならともかく,それ以上になると,少なくとも1人の人間のレベルで,自らの生活リズムとハザードのリズムとを同期させることは非常に困難である。地域・社会のレベルで,集団間の協力的活動,あるいは,世代をまたぐ活動といったかたちで,それ相応の工夫,仕掛けを施さないと,10年,100年の周期,さらにそれを上回る周期をもつハザードには対抗しようがないと思われる。

そこで,本章では,個人的な生活習慣の問題に帰すると思われる最短の部分（日単位）と,反対に,少なくとも現時点では〈生活防災〉の範囲を超越していると思われる最長の部分（千年・万年単位）を割愛し,特に,集団的かつ社会的な取り組みに基づく〈生活防災〉によって防災上の成果が如実に現れると考えられる〈1年〉,〈10年〉,〈100年〉のタイム・スケールに焦点を当てることにしよう。以下,それぞれのタイム・スケールを順に取り上げ,典型的なハザード,および,考えうる工夫・仕掛けについて論じていきたい。

2.〈1年〉の防災

「土手の花見」の事例と同様,〈1年〉のリズムを刻んで襲ってくるハザードを,私たち日本人は数多く知っている。梅雨,台風,豪雪などである。たとえば,1946年（昭和21年）から2000年（平成12年）までの45年間に日本に上陸した台風の総数は170個で,図2-1に示したように,8月と9月の2ヶ月間だけで,そのうちのちょうど70%（119個）を占める（日本気象協会,2001）。仮に,九州地方といったかたちで対象地域を限定すれば,集中率はもっと高い値になるであろう。被害も同様である。たとえば,戦後の主要な土砂災害（65件）による死者・行方不明者の合計は4037人であるが,このうち9月が41%（1635人）,7月が35%（1431人）と,この2ヶ月だけに全体の76%が集中している（国土交通省砂防部,2005）。

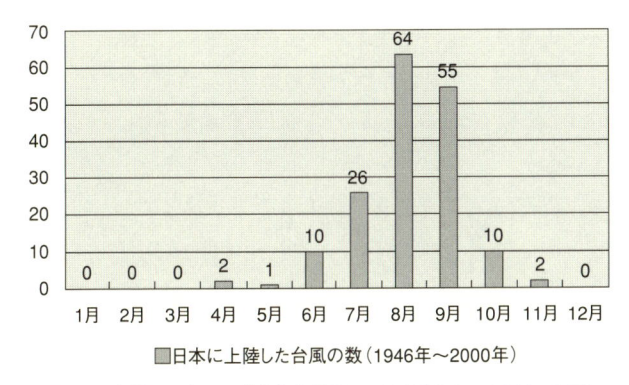

図2-1　台風の日本への月別上陸個数（日本気象協会（2001）をもとに作図）

グラフ：日本に上陸した台風の数（1946年〜2000年）
1月 0、2月 0、3月 0、4月 2、5月 1、6月 10、7月 26、8月 64、9月 55、10月 10、11月 2、12月 0

　これらの〈1年〉周期の災害には，人間・社会の側も，同じく〈1年〉のリズムを刻んで対応するのがおそらく最も有効である。実際，古来，日本人はそのように対応してきた。特に，大多数の人びとが，自然のリズムと同居する農林漁業に従事していた時代には，放っておいても〈1年〉リズムの〈生活防災〉が実現されたことだろう。その典型が米作であって，その営みが，降霜，渇水，台風といったハザードの来襲のタイミングを巧みに回避したスケジューリングで進められることは言うまでもない。これに，豊作祈願，豊作御礼（秋祭り）といった地域活動が加わる。同じことは，他の農業活動，林業，漁業にも程度の差こそあれ該当するものと察せられる。

　しかし，近年，この生活と自然のリズムとの蜜月関係がすっかり揺らいでしまった。それは，1つには，自然のリズムそのものが変調したためであり（いわゆる異常気象），もう1つには，多くの人びとの生活が自然と切り離されたためである。自然の変調も由々しき問題ではあるが，本稿の論点とは外れるので，ここでは，自然のリズムから隔絶されたモノトーンな生活リズムを有する現代の人びとが，それでも，〈1年〉のリズムを取り戻すためにはどのような方法があるかについて考えてみたい。

　対応の基本線は，室崎（2005）が，「大掃除の復活」というキャッチフレーズで提唱しているように，適切な生活習慣（年中行事）の復権だと思われる。たとえば，年1回の大掃除は，家屋や家屋周辺のメンテナンス（点検）を自然と促進する。このことが，風水害，地震（地震は，ここで言う〈1年〉の災害

ではないので,この点については4節で後述)といった自然災害はもちろん,火災や白蟻などのハザードからの危険回避にも役立つ。さらに,間接的にも,大掃除を機会に,家族,親戚,近隣住民間の人間関係も構築・維持され,それが災害時にも奏功する。

ただし,過去の習慣をそのまま復活させることはおそらく現実的ではないし,また有効でもないだろう。そこには,現代社会の特質に合致したリメイクが求められると思われる。現代社会にふさわしい「大掃除」を新しく考案し,現代にマッチした〈生活防災〉を実現する必要があるのだ(増補1章5節参照)。いくつかの注目すべき具体的な取り組みも各所で始まっている。たとえば,年1回の運動会の折に,学校に備蓄されている災害時用備蓄物資を供出しかつ更新する,あるいは,初夏,海開きの日に合わせて,(津波)防災行政無線のテストを実施する,といった工夫である。

筆者らも,1つの試みを世に問うたことがある。吉川肇子氏,網代剛氏とともに企画・立案し,2005年元日,神戸新聞の正月特集の1つとして掲載された「防災すごろく」(神戸新聞社,2005,図2-2)である。これは,1月から12月まで,各月にふさわしい防災上のチェック項目を経ながらすごろく上で1年を経過するというものである。チェック項目としては,たとえば,家族の連絡先等の(再)確認(年度替わりの4月),備蓄物資の賞味期限確認(梅雨時の6月),海水浴シーズンに合わせて津波防災の基本確認(8月),年末の大掃除(12月)といったラインアップである。このようにすごろくの中味そのものが〈1年〉のリズムを意識したものになっている。加えて,可能であれば,すごろくを楽しむこと自体を正月の恒例行事にしてもらい,年のはじめには,家族揃って防災の重要性を思い返して欲しいというねらいも込められている。

現代において〈1年〉の防災を実現するための切り札となっている感があるのが,過去の災害の発生期日に合わせた「周年行事」(anniversary)である。関東大震災(1923年)に由来する「防災の日」(9月1日),阪神・淡路大震災がきっかけとなった「防災とボランティアの日」(1月17日)などが代表的である。こうした期日に合わせて,官民一体となって防災訓練が行われたり,防災計画の見直しが行われたりしている。大切な取り組みではあるが,地震は,本来,〈1年〉のリズムとは馴染みにくいものだけに,地震を契機とする周年

2. 〈1年〉の防災　49

図 2-2 「防災すごろく」(神戸新聞 (2005 年 1 月 1 日付))

行事については，人びとの関心を維持することに苦労しているケースも多いようだ。「土手の花見」に見られるようなアミューズメントの要素や生活上の他の諸課題との融合（1章を参照）を欠いて，防災のための防災という色彩が強くなると，継続はますます困難になるかもしれない。あわせて，「防災の日」，「防災とボランティアの日」のような，言わば国家レベルのものに，地域レベルのローカルな周年行事も加えて，〈1年〉の防災カレンダーを密に構築していく工夫も必要だろう。

さらに，本来，〈1年〉のリズムをもたない地震防災については，特定の期日に拘泥することなく内外の大地震の発生に合わせて，小規模訓練の実施や必要情報（避難先，非常物資など）の提供を機動的に行う工夫も有効であろう。一般の人びとにとって地震に対する警戒感が高まるのは，遠い過去の災害発生期日ではなく，何よりも現在進行形の事象を通してである。たとえば，「防災グッズ」の流通・販売業者が地震発生に即応して品揃えをするように，—予算措置など多くの困難が伴うであろうが—国や地方自治体にも臨機応変の啓発施策の展開が求められる。鉄は熱いうちに打て，である。また，どうしても即応性を確保できない部分は，災害救援 NPO など民間とのパートナーシップを活用することもできる。

いずれにせよ，重要なことは，〈1年〉の災害に対しては，私たちは，工夫次第で自分や家族，そして地域の生活実践のリズムを合わせることが可能だということである。日常生活の中から防災を立ち上げる〈生活防災〉の実践の一手法として，今後ぜひ取り組んでいきたいものである。

3.〈10年〉の防災

〈10年〉の防災の対象としては，阪神・淡路大震災（1995年），中越地震（2004年）といった内陸型の大地震，北海道南西沖地震（1993年）など海溝型の地震ながら被害が相対的に局所的にとどまったもの，さらには，「10年に一度」の巨大台風や豪雨災害などを挙げておくことができる。もっとも，内陸型の大地震の場合，地震を引き起こす活断層の活動そのものは，10年どころか数千年から数万年単位の周期をもつと推定されるものも多い。こうした活動に

よって生じる無数の地震動のうち，社会に大きな被害を及ぼす機会が，わが国の場合，結果として〈10年〉のスケールになっているという意味である。

たしかに，10年という期間は，1人の人間のライフコースに十分組み込まれうるタイム・スケールではある。しかし，ここではまず，10年先の（あるいは，もっと先かもしれない）ハザードに対して人びとが警戒心をもち続けること（alertであり続けること）は不可能だ，ということを率直に認めるところから議論を始めたい。これまでの防災実践は，〈10年〉の防災に対しても基本的には，〈1年〉の防災の論理，場合によっては，〈1日〉の理屈を延長適用しようとして十分な成果を上げることができなかったように思えるからだ。つまり，個体としての人間に注目し，その内部に「防災意識」あるいは「警戒心」という心理的実体—心理学者なら，態度とか動機づけとか呼ぶだろう—を構成し，それを10年間にわたって保持させようという戦略には無理があるようにみえる。

では，どうするのか。従来，この種の事象，つまり，滅多に発生しないがいったん起きてしまうと大きなダメージを被る事象に対して私たちが講じてきた典型的な対処法として，損害保険や共済制度がある。具体的には，損保会社が販売している地震保険や，兵庫県が2005年9月に発足させた「住宅再建共済制度」（兵庫県・（財）兵庫県住宅再建共済基金 2005）などを想起してみるとよい。保険や共済といった制度の特徴は，直接的には何ら関係をもたない多数の個人を制度上連帯させることによって，局所的に生じる大きな損害を広く薄い負担でカバーする仕組みである。この潜在的な，言ってみれば冷静な連帯は，〈10年の防災〉の常套手段として利用されており，場合によっては，（保険金を支払ったが）すでにこの世にはいない人と，これから生まれてくる将来の被災者との間に，過去，現在，未来の時間を越えた連帯を担保することもある。

しかし他方で，こうした制度は，ダメージが一定の限度内に収まり，かつ，ハザードの発生確率がある程度把握されているような事象に対してのみ有効である。つまり，たとえば隕石の衝突による地球環境の激変に伴う大被害など，あまりに巨大で持続的な損失を伴うような事象，その発生がまったく予見できないような事象に対しては，保険・共済制度は機能しない。この点，巨大地震や津波による被害は，隕石の域には達しないものの，自動車事故や火災といった日常的なリスクと比較した場合，保険会社に二の足を踏ませるに十分である。

実際，地震保険の保険料は，現時点でも，かなり割高である。
　〈10年〉の防災を実践する別の方法に目を向けてみよう。結論を先に述べれば，それは，保険・共済に見られた潜在的で冷静な連帯とは対照的に，より顕在的で熱い連帯を基盤とした対応方法である。ここで注意したいのは，先述の通り，〈10年〉という表現は曖昧な部分を含んでいて，特定のハザード，特定のローカリティだけに注目すれば「10年に一度」であっても，多くのハザードを視野に収め，かつ，日本全国，さらに世界へと目を向ければ，〈10年〉が〈1年〉のスケールへと転じる可能性がある点である。近年，日本列島および周辺で大きな被害をもたらす地震が相次ぎ，専門家は「活動期に入った」と指摘しているし，台風・豪雨災害の頻度も高まり，とりわけ2004年は台風の日本本土への上陸個数が史上最多の10個となったことも記憶に新しい。また，内閣府（2005）のデータによれば，わが国で近年発生した自然災害とその犠牲者は図2-3の通りである。各種防災施策が功を奏して近年減少しつつあるとはいえ，毎年のように2桁の犠牲者を出す災害が発生している。また，最近年の1980年（昭和55年）～2005年（平成17年）の四半世紀に限っても，死者100人以上を出す大災害が阪神・淡路大震災を含め5回も起きている。これに国外の災害を加えると，「10年に一度」の大きな被害をもたらす災害が，文字通り，〈1年〉のスケールと化していることがわかる。
　以上のことは，言葉を換えれば，〈10年〉の災害を自らが被害を受ける形で体験する確率はたしかに10年に1度程度であるが，そうした災害を見聞する機会—ということは，何らかの形で被災地を支援することが可能な機会—には，1年に1度の単位で遭遇するということである。この点に，顕在的な熱い連帯によって，〈10年の防災〉を〈1年の防災〉へと変容させる鍵がある。すなわち，インターローカルな災害相互救援の実践によって，「救援し／救援され」の関係を各所で，かつ毎年のように反復し，これによって，各ローカリティが孤立した状態にあっては10年に一度の体験でしかないことも，半ば年中行事化される。地域を越えた災害救援は，第一義的には，むろん，当該の被災地に対する救援活動なのだが，副機能として，〈10年〉ものの災害に〈1年〉ものの人間活動を付き合わせる役割をも担うのだ。
　この種の実践事例を，私たちはいくつかの領域に見いだすことができる。た

年 月 日	災 害 名	主 な 被 災 地	死者・行方不明者数
昭和			
20. 1.13	三河地震（M6.8）	愛知県南部	2,306人
9.17～18	枕崎台風	西日本（特に広島）	3,756人
21.12.21	南海地震（M8.0）	中部以西の日本各地	1,443人
22. 8.14	浅間山噴火	浅間山周辺	11人
9.14～15	カスリーン台風	東海以北	1,930人
23. 9.15～17	アイオン台風	四国～東北（特に岩手）	838人
6.28	福井地震（M7.1）	福井平野とその周辺	3,769人
25. 9. 2～4	ジェーン台風	四国以東（特に大阪）	539人
26.10.13～15	ルース台風	全国（特に山口）	943人
27. 3. 4	十勝沖地震（M8.2）	北海道南部、東北北部	33人
28. 6.25～29	大雨（前線）	九州、四国、中国（特に北九州）	1,013人
7.16～24	南紀豪雨	東北以西（特に和歌山）	1,124人
29. 5. 8～12	風害（低気圧）	北日本、近畿	670人
9.25～27	洞爺丸台風	全国（特に北海道、四国）	1,761人
32. 7.25～28	諫早豪雨	九州（特に諫早周辺）	722人
33. 6.24	阿蘇山噴火	阿蘇山周辺	12人
9.26～28	狩野川台風	近畿以東（特に静岡）	1,296人
34. 9.26～27	伊勢湾台風	全国（九州を除く、特に愛知）	5,098人
35. 5.23	チリ地震津波	北海道南岸、三陸海岸、志摩海岸	139人
38. 1～2	豪雪	北陸地方	231人
39. 6.16	新潟地震（M7.5）	新潟県、秋田県、山形県	26人
40. 9.10～18	台風第23、24、25号	全国（特に徳島、兵庫、福井）	181人
41. 9.23～25	台風第24、26号	中部、関東、東北（特に静岡、山梨）	317人
42. 7～8	7、8月豪雨	中部以西、東北南部	256人
43. 5.16	十勝沖地震（M7.9）	青森県を中心に北海道南部・東北地方	52人
47. 7. 3～15	台風第6,7,9号及び7月豪雨	全国（特に北九州、島根、広島）	447人
49. 5. 9	伊豆大島沖地震（M6.9）	伊豆半島南端	30人
51. 9. 8～14	台風第17号及び9月豪雨	全国（特に香川、岡山）	171人
52. 8. 7～53.10	有珠山噴火	北海道	3人
53. 1.14	伊豆大島近海地震（M7.0）	伊豆半島	25人
6.12	宮城県沖地震（M7.4）	宮城県	28人
54.10.17～20	台風第20号	全国（特に東海、関東、東北）	115人
57. 7～8	7、8月豪雨及び台風10号	全国（特に長崎、熊本、三重）	439人
58. 5.26	日本海中部地震（M7.7）	秋田県、青森県	104人
7.20～29	梅雨前線豪雨	山陰以東（特に島根）	117人
10. 3	三宅島噴火	三宅島周辺	―
59. 9.14	長野県西部地震（M6.8）	長野県西部	29人
12～60.3	豪雪	北陸地方を中心とする日本海側	90人
60.12～61.3	豪雪	北陸、東北地方	90人
61.11.15～12.18	伊豆大島噴火	伊豆半島	―
平成			
2.11.17～	雲仙岳噴火	長崎県	44人
5. 7.12	北海道南西沖地震（M7.8）	北海道	230人
7.31～8.7	平成5年8月豪雨	全国	79人
7. 1.17	阪神・淡路大震災（M7.2）	兵庫県	6,436人
12. 3.31～	有珠山噴火	北海道	―
12. 6.25～	三宅島噴火及び新島・神津島近海地震	東京都	1人

(注) 1 風水害は死者・行方不明者500人以上，地震・津波・火山噴火は死者・行方不明者10人以上のもののほか，災害対策基本法による非常災害対策本部が設置されたもの．
　　 2 阪神・淡路大震災の死者・行方不明者については平成14年12月26日現在の数値．いわゆる関連死を除く地震発生当日の地震動に基づく建物倒壊・火災等を直接原因とする死者は，5,521人．
　　 3 三宅島噴火及び新島・神津島近海地震の死者は，平成12年7月1日の地震によるもの．
資料：気象年鑑，理科年表，消防庁資料

図2-3　昭和20年以降の主な自然災害の状況（内閣府（2005）による）

とえば，民間ベースの取り組みとして，阪神・淡路大震災以後，日本各地に生まれた災害ボランティア団体による救援ネットワークに注目することができる。実際，渥美（2005）は，ここ数年の災害ボランティア活動の経緯と現状を概観し，「災害NPOのネットワーク化」を重要な特徴として指摘している。たとえば，阪神・淡路大震災を機に神戸（西宮）に誕生した日本災害救援ボランティア・ネットワーク（2005）は，新潟県中越地震の発生直後から，数十回にわたってスタッフが被災地に入り，地元および他地域のNPO団体とも連携しながら，長期間にわたって被災者支援活動を展開した。中越地震の被災地では，同団体のほかにも，阪神・淡路大震災（1995年），東海豪雨災害（2000年），直前に起きた新潟・福島県水害の被災地から多くの人びとが，「今度は私たちがお役にたちたい」とボランティアとして駆けつけた。

　自治体間の相互支援も見逃せない。阪神・淡路大震災では，阪神地域の自治体は，周辺の自治体，地震防災先進県である静岡県など多くの自治体からの応援を得た。他方で，新潟県中越地震では，阪神地域から非常に多くの自治体職員が被災地に駆けつけ，避難所運営，援助物資の受け入れ，家屋の被災度判定，罹災証明の発行，仮設住宅の建設・運営まで幅広い課題・領域について支援業務を展開した。たとえば，神戸新聞（2004年11月11日付）が報じているように，新潟県の災害対策本部には，新潟県のみならず応援に駆けつけた自治体のスタッフも同席している。

> 後ろに設けられた記者席から眺めると，背中に厚生労働省，総務省，文部科学省などの文字。福井，福島，岩手，三重などの自治体名も交じる。省庁や自治体の派遣職員たちだ。兵庫県，人と防災未来センターは内閣府などと並んで震災経験者として助言を求められる"別格"扱い。「阪神・淡路は日本有数の大都市の災害。正直，実感のわかない遠い世界だった。新潟は日本のどこにでもある中山間地がやられた。ひとごとではない」とある県の出席者。（神戸新聞，2004年11月11日付）

　兵庫県など体験者たちは指南役として，そうでない自治体の職員は将来の当事者としてそれぞれ真剣に会合に参加している様子がうかがえる。支援者とし

て，反対に被支援者として災害現場を経験した自治体職員は，〈10年〉の防災を〈1年〉の防災に転換させる主力となるのだ。現在，来るべき，「スーパー広域災害」(1章を参照)へ向けて積極的に推進されている自治体間の広域的な相互支援体制作り(舩木・河田・矢守，2006)も，〈10年〉の防災に対する有力な対応策と位置づけておくことができるであろう。

4. 〈100年〉の防災

1章でも述べたように，現在，わが国が直面する最も大きな自然の脅威の1つは，東海・東南海・南海地震，および，それに伴う津波である。図2-4に示した通り，これらの地震・津波は，過去90～150年周期で太平洋沿岸地域を襲い，甚大な被害をもたらしてきた。まさに〈100年〉の災害である。100年という時間は，巨大地震を引き起こす地殻運動の時間スケールから見ればほんの一瞬に過ぎないが，人間・社会の生活の側から見ると世代が3ないし4つにわたる長大な時間である。したがって，こうした種類の災害に備えるためには，どうしても，人びとから人びとへの「継承」，「伝達」といったテーマを問題にせざるを得ない。しかし，〈10年〉のスケールすらもて余し気味の人間・社会が，いかにして〈100年〉の計を立てることができるのだろうか。

ここで注目したいのが，安政の東南海・南海地震(1854年)に襲われた紀

図2-4 東海・東南海・南海地震

伊国広村（現在の和歌山県広川町）において，当地の有力者濱口梧陵（儀兵衛）が企てた防災・減災のための実践である。梧陵は，ヤマサ醤油の7代目当主で，明治維新後は，和歌山県知事などを務めた政治家にして実業家である。また，津波教育の素材として，現在再び脚光を浴びている物語「稲むらの火」の主人公（五兵衛）のモデルとなった人物でもある（稲むらの火研究会，2001；伊藤，2005）。1820年（文政3年），広村に生れた梧陵は，35歳のとき，この地震・津波に遭遇する。このとき，彼は，巧みな方法で迅速な津波避難を実現したとされているわけだが，ここで注意を向けたいのは，むしろ災害後の彼の活躍である[*)]。

　実は，梧陵は，大変巧みな方法で，日，週，月単位で急がれる復旧・復興活動と，〈100年〉の計とを両立させている。彼は，激甚な災害は，人びとの命を奪うと同時に，生活の糧（田畑や舟，漁具など）を破壊し，生き残った者を苦しめる（土地を離れてしまう）ことをよく理解していた（このことは，現代社会にもそのまま通用する）。そこで，彼は，人口流出対策として，家屋50軒を建設し困窮者に提供するとともに，農具漁具を分配，商人には再建のための資本を融通した。同時に，緊急雇用対策として，4年間にわたり，1日約500人の労働者を老若男女を問わず労賃日払いで雇用したのである。この膨大な労働力が振り向けられたのが，「広村堤防築造事業」（図2-5）だった。津波災害の再来を恐れた梧陵は，堤防（津波防潮堤）の必要性を痛感していたと言われる。

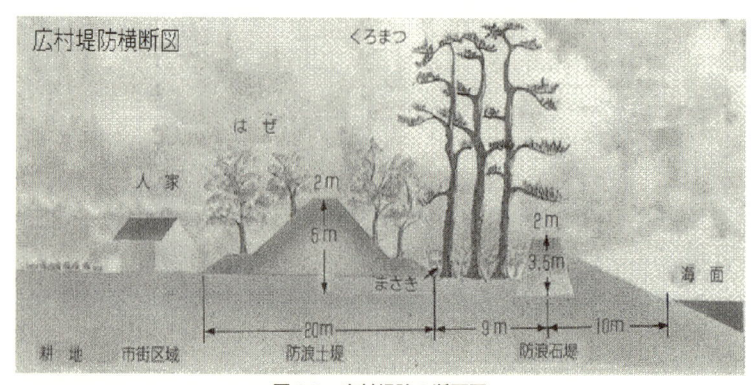

図2-5　広村堤防の断面図
（防災システム研究所ウェブサイトより）

図 2-6　広村堤防による減災効果（左：安政津波，右：昭和津波）
（防災システム研究所ウェブサイトより）

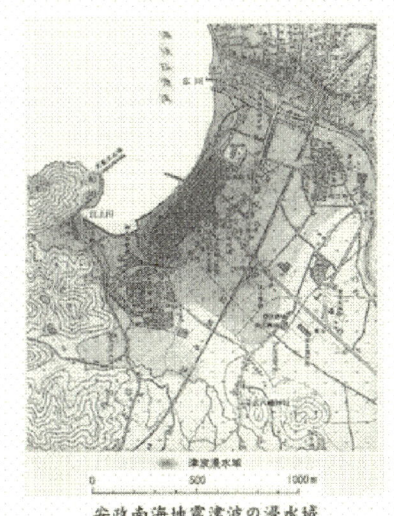

　事実は小説より奇なりである。広村（広川町）は，92年後の1946年，再び津波に襲われる。昭和南海地震・津波である（現在は，「その次」が懸念されているわけである）。図2-6に示すように，〈100年〉を経て広村堤防（現存）は大いに役割を果たし減災に貢献したのだった。

　梧陵の試みはこれだけにはとどまらない。将来津波の危険が予想される地域内にある田畑にかかる税（年貢米）を重くしてそこからの移転を勧め，従う者には税の減免措置を施している。これは，税制（社会制度）によって，人びとの振る舞いを時間をかけ少しずつ，しかし確実に変容させ人間の活動を自然が有する〈100年〉のスケールに適合させる試みだと言える。あわせて，蘭学医と交流を持ち西洋文化に興味のあった梧陵は，郷里に，「稽古場」（現在の県立耐久高校）を開設。青少年の人材育成にも努めている。知恵と技能をバトンすべき人材の育成にも取り組んでいたわけである。

　そして，最後にもう1つ追記しておきたい。これは，おそらく梧陵の意図するところではなかったとは思うが，〈100年〉の災害に，近視眼的な人間が抗するもう1つの力は，おそらく，世代を縦断するだけの力をもった「伝説」（ナ

ラティヴ，語り）である．たとえば，ブルーナーによる「論理・実証モード」と「物語モード」の対照に依拠してやまだ（2000）が強調しているように，ナラティヴ（語り）は，客体世界を第三者的に記述する性能では，たしかに，「論理・実証モード」に依拠した事象の数学的記述や学術レポートに劣る．しかし他方で，コミュニケーションを介した新たな共同行為の喚起・誘発，とりわけ，世代を越えた経験の継承（生成継承性（generativity））の面では，はるかに勝る．「論理・実証モード」に基づく研究・実践活動（1章2節に言う〈最適化防災〉の多くが該当）がこれまで防災に大いに貢献してきたこと，そして今後も貢献するであろうことはたしかではあるが，世代をまたぐ100年のタイムスパンを視野にいれたときには，「物語モード」に依拠した研究・実践の可能性を探る必要もあると思われる．「伝説」（物語）は，有力なオプションの1つである．

実際，すでに人口に膾炙した「稲むらの火」も，濱口梧陵の事業に関する単なる事実レポートではない．数回にわたって少しずつ脚色されながら何世代にもわたって受け渡されてきた「物語」である．すなわち，1896年（明治29年），明治の三陸大津波のニュースを耳にしたであろうラフカディオ・ハーン（小泉八雲）が，梧陵のエピソードに想を得て「A Living God」を著す．このとき，物語の舞台や主人公の設定にいくつかの改変が加えられている．さらに，それから38年後の1934年（昭和9年），梧陵の故郷和歌山県で教鞭を執っていた中井常蔵が，「A Living God」をもとに，文部省（当時）の教科書教材の公募に応じて仕上げたのが，「稲むらの火」である．その後，「稲むらの火」は教科書から消えるが，1983年の日本海中部地震・津波，2005年のスマトラ沖地震・津波を契機に，再び，津波防災教育の道具として注目を集めている．最近では，紙芝居版（図2-7参照），人形劇版など復刻が相次ぎ，海外への「輸出」も図られている（伊藤，2005）．

以上のように，「稲むらの火」は，事実をもとにしながらも少なからぬ脚色が加えられた「物語」であって，事実を正確に描写したレポートではない．しかし，たとえば，忠臣蔵という「物語」が生まれてはじめて赤穂浪士の事件が今日に長らえているのと同様に，梧陵の先駆的な試みも「稲むらの火」という「物語」と化したからこそ，〈100年〉の防災に資する糧となって今日まで伝承

4. 〈100年〉の防災　59

図 2-7　「稲むらの火」(紙芝居復刻版)
(防災まちづくり学習支援協議会, 2005)

されているという一面もある。〈100年〉を睨んだときには，文学・芸術作品など，ときには狭義のサイエンスの枠を外れるアプローチも大いに模索する必要があるだろう。

　以上，〈100年〉の防災に挑んだ濱口梧陵の実践を紹介してきたが，このことは，決して〈100年〉の防災は，「伝説」的なヒーローにのみ可能だという意味ではない。身近な〈生活防災〉によるアプローチも可能である。たとえば，「大掃除の復活」（2節）を唱える室崎（2005）は，「阪神・淡路大震災では，古い家が倒れたのではない。古くて，しかもメンテナンスをしていなかった家が倒れた」と警告する。その上で，こう続ける。昔は大掃除で畳を上げた。これによって床下の柱の腐食等に気づき地震対策につながった。そして，5年に1度程度は訪れる豊作（自然のリズム）がもたらす臨時収入によって家屋の弱くなった部分に手を入れ，これが恰好のメンテナンスになった。さらに，20～30年に1度，子どもの独立や嫁入り等に伴って，家屋の大改修（リフォーム）を行った。こうした慣習が，長年にわたって，（木造）家屋における保守管理を実現してきたというのだ。戸建て住宅にせよ，集合住宅にせよ，あるいは，持ち家にせよ賃貸住宅にせよ，購入（賃貸）するだけであとは無関心という態度は，言ってみれば家屋の「使い捨て」である。折しも「リフォームブーム」でもある。〈生活防災〉の観点から，家屋のメンテナンスを社会的な課題ととらえ直すことも必要だろう。

　〈100年〉の防災を〈生活防災〉へと組み込むためのもう1つの鍵は，おそらく（防災）教育である。ただし，100年を展望したとき重要なことは，「次世代に伝える」ことのみならず，あるいはそれ以上に，「次世代が次々世代に伝える」工夫をいかに施すか，ということであろう。これは，心理学者のレイヴ（1993）の言葉を借りれば，「実践共同体の再生産」という課題である。レイヴは，たとえば，大型船舶の操舵室，仕立屋における亭主（師匠）と弟子たち，アルコール依存症者のための治療集団など，さまざまな実践共同体を例に取りながら，一時的な教え／教えられ関係にのみとらわれることなく，そうした関係が先輩から後輩へと重層的に積み重なりながら再生産されていく過程に，実践共同体の（健全な）再生産過程を見た。

　防災における実践も同様である。被災地という修羅場をくぐり抜けた体験

者，特に，そこで顕著な働きを示した者（ヒーロー）の力は大きい。しかし，それが，教える（だけ）者／教わる（だけ）者という固定的関係を帰結したとき，せっかくの体験・教訓もヒーロー1代限りで終わる。100年もちこたえることはできないのだ。その点で，先に3節で触れた災害対策本部の姿—過去の当事者（たとえば，兵庫県），目下の当事者（たとえば，新潟県），将来の当事者（たとえば，三重県）が顔を揃えていた—は1つの有力な方向性を示すものだと言えるだろう。また，子どもを対象とした防災教育において，最近，成果物（アウトプット）を生みだすことを重視した教育が実践されていることも興味深い（詳しくは，4章2節を参照）。なぜなら，こうした教育は，何かを授かる防災教育から何かを生みだす防災教育への転換を意味しており，これは，身に付けるのみならず，身に付けたものを外部化して，さらに第三者へと伝達するところまでを防災教育の射程圏に収めようという思想を含んでいるからである（防災教育については，4章で主題的に取り上げる）。

＊　　＊　　＊

本章では，防災のタイム・スケール—〈1年〉・〈10年〉・〈100年〉—について取り上げた。冒頭でも指摘したように，〈1年〉，さらにはそれより短い〈1日〉のスケールでは，個人的な生活のリズムと自然のハザードが有するリズムとをマッチングさせることが比較的容易である。しかし，〈10年〉，〈100年〉となるとそうはいかない。個体としての人間よりも，地域・社会など人間の集合体がもつダイナミックスを活かした工夫によって，言わば，社会のリズムを創り出し，そのリズムでもって雄大な自然のリズムに伍していくことが，今後求められる。

＊) 濱口梧陵が展開した事業の重要性について最初に注意を促してくれたのは，柄谷友香氏（名城大学）である。心より感謝申し上げたい。

【引用文献】

渥美公秀　2005　災害ボランティアの10年―災害NPOを含む災害救援システムの現状と展望―　日本グループ・ダイナミックス学会第52回大会発表論文集, 66-67.

防災まちづくり学習支援協議会　2005　紙芝居「稲むらの火」（復刻版）

防災システム研究所　1998　防災システム研究所ウェブサイト（http://www.bo-sai.co.jp/index.html）

舩木伸江・河田惠昭・矢守克也　2006　大規模災害時における広域支援に関する研究―新潟県中越地震の事例から―　自然災害科学, 25, 329-349.

兵庫県・(財)兵庫県住宅再建共済基金　2005『兵庫県住宅再建共済制度リーフレット』

稲むらの火研究会　2001「稲むらの火」ウェブサイト（http://www.inamuranohi.jp/index.html）

伊藤和明　2005　津波防災を考える―「稲むらの火」が語るもの―　岩波書店

神戸新聞社　2004　神戸新聞（2004年11月11日付）

神戸新聞社　2005　神戸新聞（2005年1月1日付）

国土交通省砂防部　2005　戦後の主な土砂災害　国土交通省砂防部ウェブサイト（http://www.mlit.go.jp/river/sabo/）

レイヴ, J.・ウェンガー, E.　1993　状況に埋め込まれた学習―正統的周辺参加―　佐伯胖（訳）産業図書（Lave, J. & Wenger, E. 1991 *Situated learning: Legitimate peripheral participation.* Cambridge: Cambridge University Press.）

室崎益輝　2005　予防防災とCODEの役割　海外災害援助市民センター（CODE）講演会シリーズ「人道援助と国際協力」

内閣府　2005　昭和20年以降の主な自然災害の状況　防災情報のページ　内閣府ウェブサイト（http://www.bousai.go.jp/）所収

日本気象協会　2001　気象年鑑（2001年度版）　財務省印刷局

日本災害救援ボランティア・ネットワーク　2005　中越地震被災地支援活動報告書

やまだようこ　2000　人生を物語る―生成のライフストーリー―　ミネルヴァ書房

3章
災害リスク・コミュニケーションの新しいかたち

1. 災害リスクと情報

　地震予知情報，大雨洪水警報，避難指示情報，安否情報，被害情報，被災者への生活情報——これら多種多様な情報群を想起するまでもなく，災害と情報，あるいは，防災と情報は，理論的にも実践的にも不可分の関係にある。すなわち，自然のハザードの在処・脅威の程度に関する「災害因・危険度情報」，避難のタイミング，避難先などを伝達する「行動指示情報」，緊急期に爆発的にそのニーズを増す「安否情報」，刻々変化する事態をモニターする「被害情報」，さらには，ライフライン，交通機関の復旧状況など被災地での生活に不可欠な「生活情報」など，多くの情報が防災の営みでは重要な役割を果たす（小田，2004）。本章では，これらのすべてに応接することは避け，発災以前の準備・経過期，および，緊急期に重要な役割を果たす「災害因・危険度情報」，および，「行動指示情報」に絞り，かつ，特に，近年になって登場してきた新しいコミュニケーション様式に注目して，災害リスク・コミュニケーションについて論じることにする。

　さて，矢守（2005）は，「リスク（risk）」という用語の成立事情に関する議論を踏まえて，「リスク」の用法に関して，「ニュートラルなリスク」と「アクティヴなリスク」とを区別している。「ニュートラルなリスク」とは，当事者（人間・社会）の営みとは独立に存在すると想定されるハザードそのものをリスクと呼ぶ場合である。この用法では，典型的には，ハザードの客観的危険性（たとえば，人口10万人当たりの水害死亡率，今後30年間における××地震発生確率といった危険度データ）をもって，リスクとみなす。他方，「アクテ

ィヴなリスク」とは，「リスク（risk）」の概念が，ハザードに対する人間・社会の側のアクションに相関して成立したことを踏まえた概念である．すなわち，任意のハザードは，それに対して，何らかのアクション（観測・予測・制御・事前対応等）をもって関与できる人びとにとっては，—どのようにリスクをテイクするか（あるいは，しないか）を選択可能だという意味で—「（アクティヴな）リスク」として現れるが，そうではない人びとにとっては単なるdangerである，と考えるのである．要するに，リスクとは，対象（自然）の側に備わった特性ではなく，それと対峙する当事者（人間・社会）の側が構成する事象なのである．

　従来の災害情報—上掲の「人口10万人当たりの水害死亡率」や「今後30年間における××地震発生確率」などを念頭に置かれたい—は，一言で言って，「ニュートラルなリスク」と親和的であると言える．もう少し踏み込んで言えば，従来の災害情報は，「ニュートラルなリスク」の伝達とほとんど同義であった．具体的には，従来の災害情報は，次の3つの事項によって特徴づけることができる．

　第1は，「一方向的伝達」である．つまり，専門家が学術的研究活動によって同定した「ニュートラルなリスク」が，一般の人びとに対して一方向的に流されるのが基本形態である．逆に言えば，一般の人びとは，好むと好まざるとにかかわらずそれらの情報を受容するほかなく，まして，その生成場面に関与することなどあろうはずもなかった．第2は，情報の形態として，圧倒的に「数値情報」が多い点である．先述の死亡率も発生確率も，そして，マグニチュードも震度も危険水位も想定死者数も，すべて数値情報である．定性的な情報や画像情報は，傍らに追いやられていた感がある．最後は，「総体的情報」という特徴である．これは，後述するように特定の個人に焦点化した情報（2節参照）と対照することができる．すなわち，従来型の災害情報は，社会全体，もしくは，せいぜい地域社会全体を範域として総体的でニュートラルなリスクを伝達するものであって，「結局，私の家は浸水するのか」，あるいは，「私自身は何をすべきなのか」という個別的ニーズに応えるものではなかった．

　こうした従来型の災害情報に対して，近年，災害リスク・コミュニケーションの新しいかたちを模索する動きが急である．本章では，このような動きを，

「個別化」，「主体化」，「可視化」，「日常化」の4つのキーワードで整理したい。本章では，正面から〈生活防災〉について論じることはないが，4つのキーワードで特徴づけられる新しいタイプの災害リスク・コミュニケーションが〈生活防災〉を陰に陽に支えるであろうことは，以下の議論から容易に理解可能であろう。以降，節をあらため，4つのキーワードごとに実際の事例を紹介していくことにしたい。ただし，これら4つのトレンドは，本来，互いに独立しているのではなく相互に関連していることを予め強調しておきたい。

2.「個別化」

　まず，ここで言う「個別化」とは似て非なる，災害情報の伝達方法について記しておこう。それは，言わば，従来型の「総体的情報」をよりパーソナルなメディアを利用して伝達する営為である。たとえば，従来から存在する気象情報をパーソナルコンピュータや携帯電話端末へ向けて発信する場合である。たしかに，これらは，新聞，テレビ・ラジオなどのマスメディアを媒体とする情報伝達と比較して，速報性，機動性などの点で優位な点をもっている。また，携帯電話の所有者の行動範囲に固有の情報を選択的に配信・受信可能なサービスには，次に述べるローカライズ（地域化），さらには「個別化」への萌芽も見られるが，基本的には，従来型の情報伝達様式を踏襲していると言ってよい。

　個別化への移行段階と言えるのが，ローカライズ（地域化）された災害リスク情報である。一定の物理的空間に固有のリスク情報を（その場所を占めた者にだけ）提供するもので，災害の多くが特定の場所と結びつくことが多く，かつ，反復性があることを考慮すれば，有効な情報伝達様式だということができる。これには，過去の災害履歴に関わるもの，および，将来のリスクを予測するものの2種類がある。過去に関するものとしては，「交通死亡事故発生地点」や「××津波到達地点」を示した表示看板などが代表例である——もちろん，こうした事例の場合，過去の被災履歴が将来のリスクを示唆してもいるのであるが……。

　他方，将来のリスクを予測するものとしては，やはり，ハザードマップが代

表的であろう（図3-1）。情報公開の流れも手伝って，近年は，ハザードマップを積極的に公開する自治体が多く，特に，洪水（浸水域），津波（津波高），火山（溶岩流，噴石の到達域）については多くのハザードマップが公開されている。詳細なハザードマップは，「わたし（わが家）はどうなるのか」を示す「個別化」された災害情報に，あと一歩の地点にまで到達した情報様式と言えるであろう。

　ここで言う「個別化」を強く指向した事例を紹介しよう。東京都品川区に，

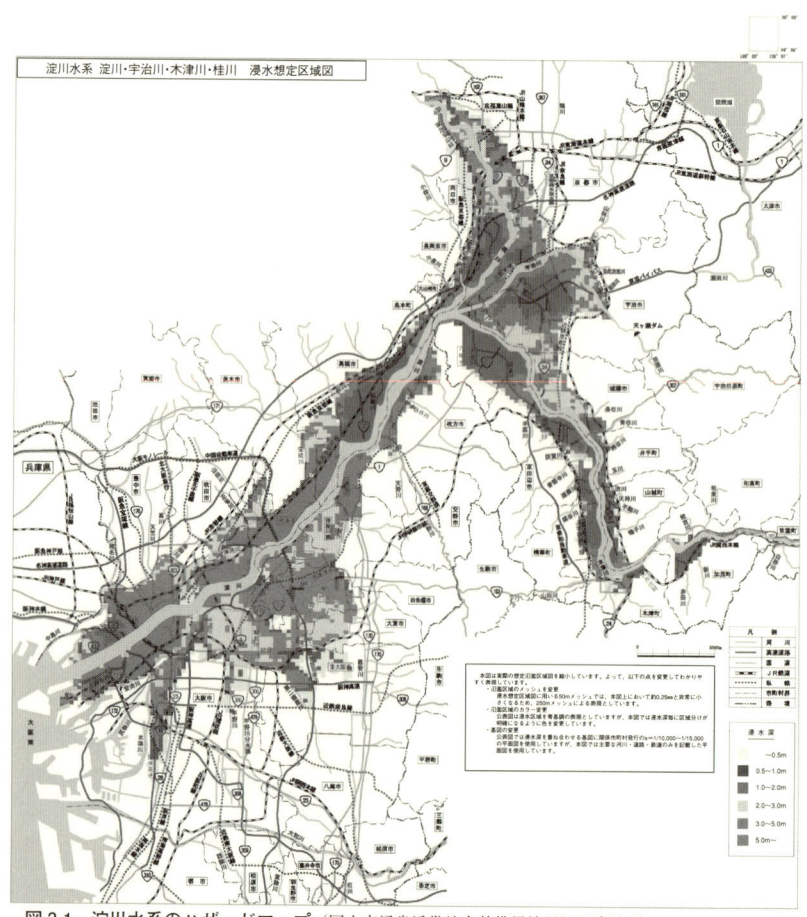

図3-1　淀川水系のハザードマップ（国土交通省近畿地方整備局淀川河川事務所ウェブサイトから）

「レスキューナウ・ドット・ネット（rescuenow.net）」という組織が存在する。レスキューナウは，市川啓一氏によって，2000年4月に設立された株式会社で，危機管理情報総合サイト「www.rescuenow.net」の運営，日常的で身近な危機管理情報を個人向けにカスタマイズ配信する「マイレスキュー」の提供，企業・行政向けの危機管理情報発信支援サービス「3rdWATCH」の提供などを，その主たる事業内容としている（図3-2）。

　ここでの論点から特に注目されるのが，「マイレスキュー」のサービスである。これは，市川氏によれば，「今そこにある危険を，個別に，そこにいるあなたに伝えるための仕組み」（市川，2003）であって，契約した個人あるいは企業に，大規模災害時における各種情報は言うに及ばず，「○○交差点で事故発生」，「××町付近で通り魔事件」など，非常にローカルな危険情報をも配信するシステムである。この目的のため，レスキューナウでは，バイク便と提携（バイク便業者が撮影した事故現場のデジカメ画像が直ちに本部に送信される）するなどして非常にきめ細かな情報収集を行っている。他方，サービス契約者は，予め自分の「エリア」を登録しておき，その「エリア」に関わる危険情報が，ただちにケータイ端末に届けられるという仕組みである。

　むろん，こうした「ブロード・キャストからプライベート・キャストへの移行」（市川，2003）の試みに対しては，携帯端末が非常時に通常通り機能するのか，情報の精度や信頼性をどのように担保するのか，といった実際的な課題から，現代版の隣組監視社会を招来しないかといったより深刻な懸念まで，いくつかの問題提起がなされていることも事実である。しかし，徹底して「個別化」にこだわった新しい災害情報システムとして，理論的にも実践的に注目すべき取り組みだと言えよう。

　さて，「個別化」は，リアルタイム情報に限定されるわけではない。たとえば，東京大学生産技術研究所の目黒公郎氏の研究室では，自室のレイアウト（家具の配置状況など）をコンピュータ・グラフィックス上で指定・表現することによって，地震に伴う室内の被害状況を予測・表現するシステムを開発している（榎本・目黒，2001など）。また，鈴木（2003）は，「危険をイメージする力」を重視し，小学生を対象とした防災教育の現場で，子どもたちに自宅の台所や普段の通学路などについて，地震が引き起こすと考える被害をイラスト

図 3-2 「マイレスキュー」のページ（レスキューナウ・ドット・ネットのウェブサイトより）

として描画させるトレーニングを紹介している。いずれも、「私（私の部屋）はどうなるのか」という個別的な情報の生成を支援する巧みな仕組みだと言える。

3.「主体化」

　「主体化」とは、要するに、災害情報を住民自らが生成すること、あるいは、少なくとも生成の一翼を担うことを意味する。これは、情報の「個別化」がもたらす必然的な帰結でもある。危険度を示すべき対象、行動を指示すべき対象が限定されればされるほど、有効な情報生成に寄与する一般的かつ総体的な専門的知識のウェートは小さくなり、対象（特定の地域、特定の人間）が有するローカルな知恵の重要性が増すことになる。わが町のどこが危ないのか、自分たちは何をすべきかは、自分たち自身が一番よく知っているし、またそうあらねばならない、という姿勢である。

　「主体化」の典型例としては、広義のハザードマップの自主的な共同製作という活動を挙げることができる。その代表例が、災害図上訓練 DIG (Disaster Imagination Game) である。DIG は、地域住民、自主防災組織メンバー、あるいは、自治体職員が、地域の身近な地図を前に、自分たちの身に襲いかかる災害を想像し、それに対する対応をグループで考える訓練手法である。小村隆史氏らによって 1997 年に開発され、数多くの現場で活用されてきた。DIG にはさまざまな長所、特徴があるが、最も重要な点は、マニュアル（DIG マニュアル作成委員会, 1999）にうたわれている「全員参加」、「わが町再発見」という特徴であろう。参加型の防災訓練によって、地域に起こりうる災害、地域の弱点、地域の防災力の源泉について、参加者自らが（再）発見し主体的に判断を下すことが指向されている。

　「わがまち再発見（ぼうさい探検隊）」（渡邉, 2000；日本損害保険協会, 2005）も、興味深いアプローチである。こちらは、防災という目的をあえて顕在化させず、「防災とは言わない防災」というキャッチフレーズが強調される。参加者（多くの場合、子どもたち）は、防災に限らず、わが町のどこにコンビニやガソリンスタンドがあるか、昔どこに池があったか、どこに一人暮らしのお年

寄りが生活しているか——さまざまな町の情報を主体的に収集し，それらをマップにまとめる。一見迂遠に映るかもしれないこうした学習は，主体的に収集した実際に役立つ情報を生み出し，地域防災の足腰強化にもつながる。図3-3は，その成果物の一例である。活動の成果として，自分たちの登下校を100人以上の人が見守ってくれていることを知ったという「京都市立第4錦林小学校」の児童たちが作成したマップである。

図3-3 ぼうさい探検隊によって作成されたマップの一例（日本損害保険協会，2005）

筆者らが展開している防災ゲーム「クロスロード」（矢守・吉川・網代, 2005）も，災害情報を「主体化」するための方途として位置づけておくことができる。「クロスロード」については，上掲書のほか他所で詳しく論じているので，ここでは，「クロスロード」がゲーミング手法を援用していることの意味についてのみ論じておこう。ゲーミング界の泰斗デュークは，ゲーミングを，「未来を語る言語である」と称している（Duke, 1971; 翻訳書 p.19）。これは，ゲーミングとは，「多重話（multilogue）である」（同 p.43）というコメントともあわせて考えると大変重要な指摘である。なぜなら，ここで，ゲーミングは，対象世界をニュートラルに記述するための「記述言語」ではなく，複数の当事者（ゲーム参加者）が新たな現実を未来へ向けて共同構成していくための「実践言語」と見なされているからである。これは，防災に関して，ニュートラルなリスク情報を専門家のみが同定・伝達するのではなく，複数の当事者が主体的にリスクをテイクしていこうとする「主体化」の議論と符合する理解である。複数の選択肢からの明示的選択を参加者に迫るゲーミングという手法は，まさに「アクティヴなリスク」を醸成するツールなのである。

　「主体化」の動きは，これまで述べてきた事前期に限定されるわけではない。特に情報収集の局面を中心として，緊急時の危険情報や行動指示情報に関しても見られる。すなわち，これまで公的組織や専門機関による監視・測定体制にのみ依存してきた河川の増水情報や土砂災害の予兆情報について，自主防災組織の構成員などを中心に広く地域住民一般からも情報を収集する仕組みがこれに当たる。

　これには2つの背景がある。1つは，豪雨災害や土砂災害を中心に，これまで以上に災害事象の局地化，急変化が進み，従来のように公的組織や専門機関による情報収集ネットワークだけでは，事態の急変に対応できなくなってきたことである。もう1つは，携帯電話などのモバイル端末が普及し，だれもがいつどこからでも情報発信が可能となったことである。こうした仕組みには，先にレスキューナウの項で指摘したものと同様の課題（情報の精度や信頼性の確保）がある。しかし，地域住民が，――迅速な避難を阻害しない限りで――自ら直接観察可能な危険の兆候を，生きた災害情報として主体的に防災関連機関に伝達すること，言い換えれば，そのような主体的な立場で地域防災に関わるのだ

と認識することは今後ますます必要となろう。

4.「可視化」

「可視化」は，これまでの災害リスク情報の多くが数値情報であったことと対照して考えるとわかりやすい。これまで紹介してきた「DIG」や「ぼうさい探検隊」の事例に見られるように，「可視化」には，そのための〈道具〉がつきものであり，防災活動の場合，その典型は地図という〈道具〉である。ここで理論的に重要なことは，〈道具〉を，〈道具〉の導入以前からそれ自体として自存していた客観的事実を写しとるツールと考えるべきではないということである。むしろ，〈道具〉は，客観的事実とされるものと分割不能で，それと並置される（juxtapose）存在と考えるべきである（上野, 1999）。

認知心理学者の上野直樹は，次のように述べる。私たちは，地図という道具でもって，

> もともと存在する"現実"を…(中略)…"発見"するというよりは，科学的調査［ここでは，防災活動と置きかえて考えればよい（引用者注）］のために環境を構造化し，あるいは知覚の場を構成し，生物学的調査［同上］という認知的，かつ社会的な活動を組織化（上野, 1999）

しているのである。地図は，地理的空間という"現実"の写しなのではなく，地図という〈道具〉を用いることによって，人びとの現実に対する組織だった働きかけが可能になっている。たとえば，犯罪発生率，輸出入額，植生といった個別のテーマにフォーカスした（主題）地図という〈道具〉によって，国土・国家・国民，あるいは，社会階層といった対象がそれぞれ特徴的な形で可視化され，このことと，たとえば，派出所の配置，関税率の変更，土地利用計画の策定といった人間活動とが密接に連動している。

繰り返しになるが，人びとが〈道具〉によって対象世界の"現実"を発見しているのではない。〈道具〉を通して人びとと対象との間に独特の関係性が創出されていると考えることが必要である。「DIG」や「ぼうさい探検隊」の事

例で言えば，これらの活動で生み出された地図は，活動とは独立に客観的に存在していた「ニュートラルなリスク」を写実するために用いた〈道具〉であるというよりも，人びとが主体的に作成した地図という〈道具〉によって，人びとがわが町に対して主体的に関わること，つまり，アクティヴにリスクをテイクするという新たな関係性が人びとと対象世界との間に創出されたと考える必要がある。

最後に，災害リスク情報の「可視化」については，〈道具〉を用いた可視化とは別に，もう1つの新しい形態に注目しておく必要がある。それは，実物（現実）そのものを示すというあり方である。これも，近年の技術的進歩がもたらした形態である。たとえば，2004年末のインド洋大津波では，各所で津波被害の動画が撮影された。これは，多くの人びとがビデオカメラ，カメラ付き携帯電話などを所持していたためである。津波のような稀少災害については，これまで，その実像の「可視化」を古い写真などに頼らざるをえないことが多く，とりわけ市街地や近代的な建造物（ホテルなど）を襲う津波の映像はほとんど存在しなかった。甚大な被害は痛ましい限りであるが，今回収集された映像資料は，「可視化」された貴重な資料として今後有効に活用されることであろう（写真3-1を参照）。

写真3-1　リゾートホテルを襲う津波（タイ・プーケット島）
（PBase ウェブサイトより）

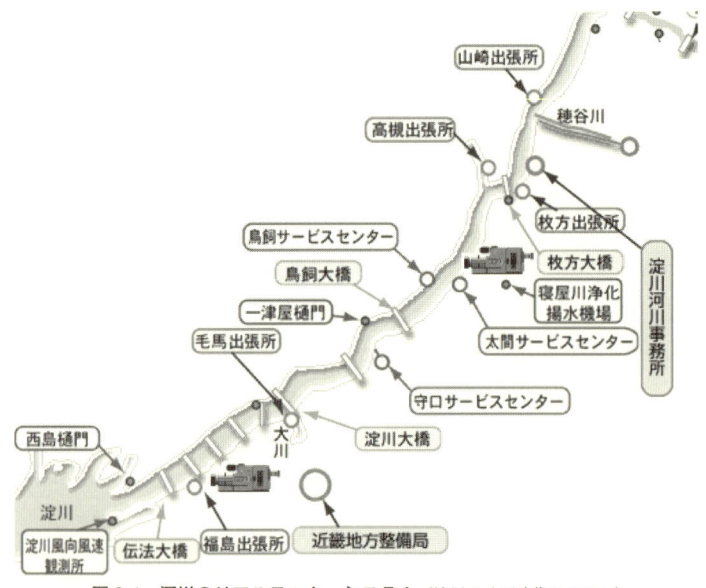

図 3-4 河川のリアルモニターシステム（淀川ライブ映像システム）
（国土交通省近畿地方整備局淀川河川事務所のウェブサイトより）

　また，各所に設置された監視カメラ等からもたらされる洪水や土石流の（ライブ）映像も，水位×メートルといった数値情報を補完すべく重要な役割を果たす。こうした映像情報は，自治体の防災担当部局に配信される場合が多いが，マスメディアや，近年はインターネットを通して一般住民にもアクセス可能となりつつある。一例として挙げた図3-4は，淀川河川事務所が配信しているもので，ビデオカメラのアイコンをクリックすると淀川のライブ映像をリアルタイムで見ることができる。

5.「日常化」

　「日常化」とは，災害リスク情報を，人びとの日常性との接点を保持しながら生成・提供しようとするトレンドを示す言葉として用いており，本章で取り上げている4つのキーワードのうち，本書全体のテーマである〈生活防災〉との結びつきが最も鮮明である。「日常化」も，「災害因・危険度情報」，および，

「行動指示情報」の双方のレベルに見いだすことができる。前者については，これまで紹介してきた多くの事例をそのまま該当事例として考えることができる。たとえば，「個別化」の項で取り上げた「家具の動的挙動シミュレーション」や「危険をイメージする力」はいずれも，人びとにとって最も日常的な生活空間といってよい自宅居室，あるいは，自宅周辺の環境から災害リスク情報を生成しようとする試みであった。同じことは，身近な地域を取り上げる「DIG」や「ぼうさい探検隊」についても言えるだろう。

　他方，「行動指示情報」の「日常化」については，まず，議論の前提として，「行動指示情報」に対する地域住民の反応は一般にけっして鋭敏ではないという事実を踏まえておく必要がある。すなわち，避難指示等の情報が与えられても，多くの人びとが逃げない（あるいは，逃げることができない）のである。たとえば，神戸新聞社の調査によれば（神戸新聞社, 2004），2004年10月の台風23号による豪雨・洪水で甚大な被害が出た兵庫県洲本市のある地区では，住民の79%が避難勧告が発令されているのを知りながら自宅にとどまっていた。その理由としては，「避難しようとしたが道が冠水するなど外に出られず」(35%)，「自宅が2階建てなどで安全と判断」(27%)の上位2つで過半数を占めた。また，2004年9月の紀伊半島南東沖地震では，津波の恐れから三重，和歌山両県の沿岸部12市町の住民約14万人に避難勧告が出された。しかし，避難所への避難者はわずか6%の約8600人にとどまっており，こうしたデータは枚挙に暇がない。河田（2003）の言葉を借りれば，少なくとも防災に関しては，「情報化社会は，かえって情報を待つ社会を作ってしまった」のである。

　こうした事態に関しては，「避難指示」，「避難勧告」という用語の区別・理解が進んでいないこと，あるいは，「冠水するなど外に出られず」という理由に見られるように，発令のタイミングが遅延しがちであることなど，いくつかの問題点が指摘されている。しかし，これらに加えて，情報が「日常化」されていないことがもたらす悪影響も指摘しうる。「日常化」された情報は，日常的な状態との比較情報がもつ有効性，および，日常的な生活を通して獲得された情報ソースが有する信頼性，という2つの側面から行動指示にプラスの効果を発揮しうると思われる。

　前者の例としては，単に，「避難して下さい」という行動指示のみを提示し

たり,「××川の水位が×メートルとなり危険水位に近づいています」といった数値情報を流したりするのではなく,たとえば,「××河川敷運動公園はすでに水没しています」のように,地域住民が日常観察している風景と関連づけた比較情報を提供することが考えられる。阪神・淡路大震災の際,「(語気を強め)阪神高速は落ちました」というラジオのDJの一言(情報)で,事態の容易ならざるを直感した人も多かったはずである(毎日放送,1995)。日常見慣れた,あるいは,普段通り慣れたあの高架橋が焦点化されることが,情報の訴及力を大幅に高めている。さらに,「可視化」の項で紹介したようなシステムを利用可能であれば,実際の増水状況をマスメディアや携帯電話などのパーソナルメディアを介して動画像として配信し,日常との違いを伝えることが有効である。

　他方,後者の例としては,「主体化」の項で触れた「DIG」や「ぼうさい探検隊」などの地域活動を通して知りえた知人から勧められて避難を行うケースを挙げておくことができる。広瀬(2004)も,隣人や知り合いに連れられて避難するケースなど,避難行動における模倣性・感染性を重要視しているし,先に挙げた淡路島の事例でも,「親戚が電話をくれた」,「家族にせかされた」といった事項を避難事由として挙げているケースが複数ある。「主体化」を実現した地域活動は,同時に,避難先の施設や避難路そのものを「日常化」する機能も有するので,この点からも迅速な避難を促すことになろう。

　また,阪神・淡路大震災(1995年)のときに観察された別の事例として,毎朝耳にする馴染みのラジオ・パーソナリティの語りかけや,毎朝見るニュース番組のアナウンサーがもたらす情報に対する信頼感という要素もある(宮田,1995)。先に紹介した高架橋落下の一報も,実は,毎朝番組を担当するDJが,レギュラー番組の中で,放送局へと向かうクルマの中から携帯電話で報じたものであった。これらの事例にも,公的な報道機関に対する信頼感にだけは回収し尽くせないプラスアルファ―「日常化」した情報源に対する依存―を見てとることができる。

　さらに,筆者自身も個人として関わり続けている,被災者による語り部活動(「語り部KOBE1995」)も同じような脈絡の中に位置づけることができるかもしれない(詳しくは,たとえば,矢守(2010a)やYamori(2005)を参照され

たい)。つまり，語り手は，特に防災に関して特別な知識や技能を有するわけではない，ごくふつうの主婦や高齢者である。しかし，こうした人びとが日常の言葉でもたらす情報に，かえって，人びとは防災の専門家や自治体職員から提供される情報とは異なる独自の意義を見いだす場合もある。

6. おわりに

本章では，主として，「災害因・危険度情報」，および，「行動指示情報」を取り上げて，近年になって登場してきた新しい災害リスク・コミュニケーションの様式について，「個別化」，「主体化」，「可視化」，「日常化」という4つのキーワードを使って論じてきた。実は，これらは，結局のところ，災害という非日常的で，かつ，原則として滅多に起きることのない稀少事象を，それでもなお，人びとの日常的な生活の中へと持ち込もうとする動き—つまり，〈生活防災〉—の一環と見ることができる。防災を他の社会的活動と独立した特別な活動として定位するのではなく，日常生活の総体から防災を立ち上げるためにも，ごく普通の人びとの生活に寄り添った災害情報が今後ますます求められるだろう。

(付記：ここで記した方向性で筆者がその後進めた災害情報研究の成果については，矢守(2009, 2010b)，矢守・渥美・近藤・宮本(2011)などを参照されたい。)

【引用文献】

DIGマニュアル作成委員会　1999　災害図上訓練マニュアル第2版(ウェブサイト「災害図上訓練DIGのページ」(http://www.e-dig.net/020301.html))

デューク，R.　2001　ゲーミングシミュレーション—未来との対話—　ASCII　中村美枝子・市川　新(訳)(Duke, R.　1971　*Gaming: The future's language*. New York : Sage publications.)

榎本美咲・目黒公郎　2001　三次元拡張個別要素法を用いた家具の動的挙動シミュレーション　土木学会第56回年次学術講演会概要集(CD-ROM), 10, E.

広瀬弘忠　2004　人はなぜ逃げおくれるのか—災害の心理学　集英社

市川啓一　2003　危機管理情報システムの現状と今後の展望　災害対応研究会会報, 12-13, 12-15.

河田惠昭　2003　南海地震について　京都大学防災研究所 21 世紀 COE フォーラム講演資料（2003 年 7 月 30 日）

神戸新聞社　2004　神戸新聞（2004 年 10 月 30 日付）

国土交通省近畿地方整備局淀川河川事務所　2005　映像で見る淀川（同事務所ウェブサイト（http://www.yodogawa.kkr.mlit.go.jp/））

国土交通省近畿地方整備局淀川河川事務所　2005　淀川水系淀川・宇治川・木津川・桂川　浸水想定区域図（同事務所ウェブサイト（http://www.yodogawa.kkr.mlit.go.jp/））

毎日放送　1995　阪神大震災の被災者にラジオ放送は何ができたか　同朋舎出版

宮田　修　1995　危機報道：その時，わたしは…　関西書院

日本損害保険協会　2005　小学生の"ぼうさい探検隊"マップコンクール入選作品集

小田貞夫　2004　災害とマスメディア　廣井脩（編）災害情報と社会心理　北樹出版，102-122.

PBase.com LLC　2005　PBase ウェブサイト（http://www.pbase.com/）

レスキューナウ・ドット・ネット　2005　「マイ・レスキュー」レスキューナウ・ドット・ネットウェブサイト（http://www.rescuenow.net/）

鈴木敏恵　2003　ポートフォリオでプロジェクト学習！：地域と学校をつなぐ防災教育　教育同人社

上野直樹　1999　仕事の中での学習—状況論的アプローチ—　東京大学出版会

渡邉としえ　2000　地域社会における 5 年目の試み—「地域防災とは言わない地域防災」の実践とその集団力学的考察—　実験社会心理学研究, 39, 188-196.

矢守克也　2005　防災とゲーミング　矢守克也・吉川肇子・網代剛　2005　防災ゲームで学ぶリスク・コミュニケーション—クロスロードへの招待—　ナカニシヤ出版, Pp.2-18.

矢守克也　2009　災害情報のダブル・バインド　災害情報, 7, 28-33.

矢守克也　2010a　アクションリサーチ—実践する人間科学—　新曜社

矢守克也　2010b　災害情報と防災教育　災害情報, 8, 1-6.

Yamori, K.　2005　The way people recall and narrate their traumatic experiences of a disaster: An action research on a voluntary group of story-tellers.（In）Y. Kashima, Y. Endo, E. Kashima, C. Leung & J. McClure（eds.）*Progress in Asian Social Psychology*（Vol.4）. Seoul: Kyoyook-kwahak-sa. Pp.183-199.

矢守克也・渥美公秀・近藤誠司・宮本　匠　2011　ワードマップ：防災・減災の人間科学　新曜社

矢守克也・吉川肇子・網代　剛　2005　防災ゲームで学ぶリスク・コミュニケーション—クロスロードへの招待—　ナカニシヤ出版

4章
防災教育の新しいアプローチ

　防災教育が変わりつつある。本章では，学校現場における防災教育を事例としながら，その変化を4つのキーワードとともに追いかけてみたい。4つのキーワードとは，「能動的なはたらきかけを重視した防災教育」，「成果物・アウトプットを生み出すことを重視した防災教育」，「学校以外の主体・組織との連携を重視した防災教育」，「諸活動に埋め込まれた様式を重視した防災教育」，以上4つである。本章においても，リスク・コミュニケーションについて述べた3章と同様，ここで防災教育について論じることが，〈生活防災〉と密接なつながりをもっていることを読者は容易に察知されることだろう。

1. 能動的なはたらきかけを重視した防災教育

　学校における「防災教育」と聞いて，多くの人がまず念頭に浮かべるのは，地震や火災，不審者の侵入などを想定した避難訓練であろう。危険な対象（ハザード）と空間的に距離をおくこと，すなわち，避難が防災の第一歩として重要な位置を占めることは疑いがない。また，学校における防災教育の主たる目的が，児童・生徒本人の安全確保に置かれることはもっともなことではある。
　しかし，特に，阪神・淡路大震災以降，児童・生徒を救援される受動的立場に置いた防災教育から，児童・生徒が救援する側に立って能動的なはたらきかけを行うことを重視した防災教育への転換が急である。その大きな理由は，とりわけ巨大災害の被災地では，自らが負傷していない人—特に，身体能力に秀でる若者は—は，ただちに救援する側に回ることが要請されるし，またその実績もあるからである。たとえば，阪神・淡路大震災では，家屋等の生き埋めとなった人びとの少なくとも約8割が家族を含む近隣の人びとによって救出さ

れ，消防，自衛隊による救出数を大きく上回っていたことがよく知られている。

　また，最近の災害事例では，被災地内の児童・生徒が，あるいは，被災地外からボランティアとして駆けつけた若者が，救援活動や復旧・復興の支援活動で重要な役割を果たすことが多い。たとえば，2004年7月の福井県豪雨災害では，復旧時期が夏休み時期と重なったことも手伝って，ボランティアの総計のべ59162人のうち3分の1にあたる19471人が中高校生であった（ほとんどの市町でボランティア受付が終了した8月4日時点での集計）。同年10月の台風23号による災害でも，被災地となった兵庫県，京都府，岡山県などで多くの中高校生がボランティアとして活動する様子が新聞各紙で多数報道されていた。

　試みに，生涯のうちに，自らが被災者となって救援される立場になる確率と，他地域で起きた災害の被災者を直接，間接に救援しうる立場にまわる確率とを比較してみればよい。後者が圧倒的に高いことは言うまでもない。「助けられること（自分自身を助けること）」のみならず，あるいはそれ以上に，「（他人を）助けること」を，防災教育の主役とすべき所以である。しかも，今は幼い児童・生徒も，数年もすれば青年へと成長する。まして，東海・東南海・南海地震（1章を参照）など，わが国を襲うとされている海溝型の大地震の発生までは十数年の時間的余裕が見込まれる（むろん，明日起きる可能性も否定はできないが）。その頃，社会の中核となるのは，もちろん，現時点における子ども（児童・生徒），さらにはこれから生まれてくる世代である。

　具体的な事例も多々ある。たとえば，南海地震に伴う津波被害が予想される和歌山県では，高校生が近隣の高齢者福祉施設の入居者の避難を支援することを想定した訓練が行われている。同種の取り組みは，ユニークな防災教育実践を支援・表彰している「防災教育チャレンジプラン」のウェブサイト（防災教育チャレンジプラン実行委員会事務局，2005）でも多数紹介されている。

　また，全国初の環境防災科が設けられた兵庫県立舞子高等学校では，生徒18人が，2004年の台風23号による被害を受けた県内の豊岡市にボランティアとして向かった。さらに，同年の新潟県中越地震の4日後には，担当の諏訪教諭のもと，「自分たちに何ができるのか考えよう」との授業を行っている（写真4-1参照）。いずれも，能動的なはたらきかけを重視したすばらしい防災教育だ。

写真 4-1　中越地震に何ができる？　兵庫県舞子高校にて（神戸新聞 2004 年 12 月 13 日付）

2. 成果物・アウトプットを生み出すことを重視した防災教育

　能動的なはたらきかけという意識は，必然的に，何かを授かる防災教育から何かを生み出す防災教育，すなわち，何らかの成果物を生産する教育へとつながる。「身に付ける」のみならず，身に付けたものを外部化（モノ化）して，さらに第三者へと伝達するところまでを防災教育の射程圏に収めようという考え方である（この点については，2 章 4 節もあわせて参照されたい）。

　こうした思想を徹底した形で推進しているのが，高知県大津小学校における防災教育である。大津小学校では，プロジェクト学習の仕組み（鈴木, 2003）に依拠した防災教育において，その成果を非常に具体的なアウトプットとして世に問うている。たとえば，小学生が自らを学んだことを市民の前で発表するプレゼンテーション，小学生の作とはとても思えない立派な防災意識啓発冊子，小学生が幼稚園児相手に演じる防災劇，といった具合である。成果物の生産を目指すことはそれだけ学習を能動化し，かつ，その成果物が手づくりの教材となって，周囲の学校・地域社会，そして，次世代へと防災教育を波及させる触媒ともなる。

非常持ち出し品ゲーム
何もっTake？

> 大きな地震がありました！！　余震や二次災害の可能性もあるので家を出て避難所に避難することに。食べ物・飲み物は比較的早いうちから避難所で配られることが多いけれど、その他のものを何も用意していなくて、「このままじゃ生活できない！」ってことにならにように普段から必要なものを家で用意しよう！！
> ウラ面の表にある **20個の物**のうち、**避難時に持ち出す「非常持ち出し品」**として、**絶対必要だと思うものはA**、あった方がいいけど、**Aより必要ではないと思うものをB**、の2つに分けてね。1つ正解するごとに5点で100点満点だよ！！

図4-1　非常もち出しゲーム「何もっTake?」

　同じ発想で筆者自身が展開した事例についても紹介しよう（矢守, 2009; Yamori, 2009）。これは，和歌山県立橋本高等学校で実施したもので，防災ゲームづくりを中核とする防災教育プロジェクトである。図4-1は，本プロジェクトで作成したもので，災害時の非常もち出し品をテーマにした教育・啓発用のゲームである。ゲームは，2つのパートからなる。第1は「基本グッズ」のパートである。これまで得られた教訓に基づいて，○×形式のクイズを通して，被災地での生活に有効で，かつ日常的にも利用している品物を，お勧めのもち出しグッズ（ラップ，ゴミ袋など基本グッズ17品目）として学習するための

パートである。この「日常的にも利用」という項は、災害救援 NPO「レスキューストックヤード」を主宰する栗田暢之氏の創案になるもので、〈生活防災〉の考え方が色濃く投影されている。

第2は「スペシャルグッズ」のパートで、基本グッズとは別に、ゲーム参加者一人ひとりが、「自分にはこれが必要」と考える品物（たとえば、眼鏡のスペア、常備薬など）を追加するとともに、その内容について相互紹介するパートである。さらに、高齢者、障害者、外国人など「災害弱者」となる可能性が高い人びとにとって特に必要と思われる品目について、ゲーム形式で討議する。

パート1は、防災の専門家が提示した「最適解」を学ぶためのツールである（1章1節を参照）。本ゲームでは、「レスキューストックヤード」の協力を得て、そこに蓄積された教訓を「最適解」として採用したわけである。これに対してパート2では、本人にだけ必要なグッズ、特定の地域・組織でのみ有効なグッズに焦点を当てた。だから、そこでは、「正解」は想定されていない。むしろ、ゲーム参加者が、自分なりのカスタマイズ、その土地なりのローカライズのあり方を考案し、かつ、その多様性を相互に確認し合うことが目指されている。

ここで、「何もっTake?」を作成したのは、図4-1に示した楽しいイラストも含め、高校生たち自身であること—正確に言えば、筆者らが仲介役となって連携した専門家や自治体関係者と高校生たちの連合体—が作成したものであることを強調しておきたい。つまり、高校生は、ゲームを通して防災について学ぶ受動的なプレーヤーとしてこのプロジェクトに関わったのではない。ゲームというアウトプットを生み出すプランナー、クリエーターとして能動的役割を果たしたのである。また、ゲーム作成と同時に、高校生らは、基本グッズと自分が選定したスペシャルグッズを実際に準備した（写真4-2参照）。教育ツールの作成と並行して実際の防災活動も展開させたわけである。

さらに、完成したゲームは、地元自治体の協力を得て、自治体の防災研修会などで活用されている。こうした会合で高校生たちが講師役を務めた実績もある。当初学ぶ側からこのプロジェクトに参入した高校生たちが、今では、活動を通じて生みだされた成果物（防災ゲーム）を活用して教える側（伝える側）

写真4-2 ゲーム製作と並行してもち出し品を実際に準備（和歌山県立橋本高等学校）

にも立っているのだ。

3. 学校以外の主体・組織との連携を重視した防災教育

　学校で防災教育を進めようとすると，しばしば，「そんなこと言われても，わたしは，防災のことなどまったく知らないし……」という戸惑いの声が現場の教師から発せられる。小中高校には，―国語・算数・理科・社会等とは異なり―防災を専門にする教師が原則として存在しない以上，これはごく自然な反応である。しかし，こうした反応は，教えるべき（反対側から見れば，学ぶべき）知識や技能を，教える主体の内部から，教えられる主体の内部へと移転させること（だけ）が教育だという発想にとらわれているために生じている。レイヴらの学習論（レイヴら，1993）を参照するまでもなく，教育の神髄は，個体から個体への知識移転ではなく，各個人（主体）の実践共同体への「参加」にある。平たく言えば，防災について，わからないことを教えてくれる人や，ともに活動すべき組織・団体とのネットワークの中に，児童・生徒，教師自ら，そして学校組織を引き込んでおけば，それでよいのである。教師自身，あるいは，学校そのものが，防災に関わるすべてをその内部に収蔵している必要はない。

　実際，先に言及した舞子高校や大津小学校でも，自治体（兵庫県や高知県），

大学等の防災専門家，地元地域社会とのネットワークが，その教育を支えている。両校とも，自然の脅威そのものについては専門家を，過去の災害現場については被災者や当時の行政担当者を，地域防災については地元自治会のメンバーを，それぞれ学校に招待して話を聞いたり，先方に出向いて見学や交流活動を行うなどしている。そして，先述の通り，当初，教わる人として実践共同体に参加していた小学生や高校生たちも，やがては，（他地域の人びとや次世代に）教える人としても実践共同体に参加することが期待されているし，彼らが成果物（アウトプット）を生み出すとき，すでに半ばそうなっていると言ってよい。

　防災ゲームの事例でも，筆者のねらいは，ゲームというツールを活用して，一般の市民（高校生），地元自治体，防災の専門家を巻き込んだネットワーク（実践共同体）を創発させることにあったと言ってよい。専門家は防災に関する基礎知識（最適解）を担保する。自治体は知識の普及ルートを確保する。他方で，防災には縁のなかった高校生らはその基本を学ぶとともに，ときには，専門家すら思い至らなかったアイデアを提供する。たとえば，スペシャルグッズとして，「鏡がいる」と答えた女子高校生がいた。子ども用のオモチャが必要という意見も出た。いずれも，被災地の実状に適した適切な提案であるが，自治体や専門家の手になるマニュアルには登場しなかった品目であった。

　ここでも，高校生たちが，防災をめぐる実践共同体に参加するのみならず共同体におけるポジションを新参者から中堅，そしてベテランへと変容させていく点が重要である。「最適解」を受容するのみならず，新たな知恵を創出する役割をも担うようになっているからである。こうしたポジションの変容，さらに世代や地域を越えたポジションのリレーが，防災をめぐる実践共同体のメンテナンスにつながり，〈100年〉の防災（2章4節）の基盤ともなる。

　最後に，もう1つ事例を挙げておこう。筆者は，2003年，愛知県豊明市立三崎小学校で，「親子防災デー」という行事に参加した。起震車や煙体験コーナーなど，ハザードそのものを擬似体験する企画，非常用品の準備や家具の転倒防止装置に関する実習（写真4-3参照）など，日常の災害対応に関わるイベント，仮設トイレや土嚢作り，非常食の試食など，災害後の対応に関わるプログラム，児童による「手づくり防災マップ」の展示・説明会などが並び，多様

写真4-3　県外団体とのネットワークによる防災教育（豊明市立三崎小学校にて）

かつ豊富なメニューであった。

　ここでも，実に多様な人びとがネットワークを組んでこの教育に当たっていたことが重要である。長期にわたってこの教育を直接的に支えた同小の教職員はもちろん，防災教育の強化に力を入れていた愛知県教育委員会，消火訓練に機材，人員を派遣した地元消防，非常食の炊き出しを担当した地元自治会（保護者），耐震補強の先進地域静岡から招かれたボランティアグループ，そして，建築や防災の専門家など，である。

4. 諸活動に埋め込まれた様式を重視した防災教育

　最後に，後ろ向きの表現に響くかも知れないが，防災教育が学校教育の主役になることは困難であることを率直に認めておきたい。最近は自然災害が頻発しているが，それでも災害は基本的に稀少現象である。滅多に起きないことに，もてるエネルギーの大半を費やせというのは，どだい無理な相談である。だから，防災教育を，学校現場が日常的に関心を有している活動の中に埋め込むことが大切である。言ってみれば，〈生活防災〉の教育版である。

　「防災はともかく，福祉に関する教育には力を入れている」―そういった学校があれば，ぜひ，上で紹介した共同避難訓練のように，近隣の福祉施設における防災活動に，児童・生徒が力を貸せることはないか，お考えいただきたい。

きっと何かあるはずだ。そして，こうした試行錯誤は，防災はもとより，本来の関心事であった福祉教育にもいい影響を与えるに違いない。

「防災には正直あまり関心がないが，地域のことを子どもたちに知って欲しいとは思っている」——それならば，「わがまち再発見（ぼうさい探検隊）」というプログラム（3章3節）をお試しになってはどうだろう。どこにコンビニやガソリンスタンドがあるか，昔どこに池があったか，どこに一人暮らしのお年寄りが生活しているか——一見迂遠に映るかもしれないこうした学習が，地域防災の足腰強化につながる。

「防災よりは，国語・算数・理科・社会が大事」——こうおっしゃるなら，再び，舞子高校の試みを参照されたらいかがだろうか。舞子高校では，防災に特化した教科目が開講されているだけではなく，通常の教科目の中に防災を「埋め込む」工夫が展開されている。神戸に拠点を置く国際的な防災機関を訪れた外国人研究者と英語でコミュニケーションする（英語），災害を描いた文学作品を読む（国語）。地震マグニチュードを通して対数について学ぶ（数学）など，いくつもの工夫がありうる（矢守・諏訪・舩木，2007）。

防災は，学校教育において，主役の座は無理でも名脇役の役どころなら十分担うことができる。場合によっては，あるいは，地域によっては，主役を食ってしまうほどのパフォーマンスを見せることも可能かもしれない。防災教育を余分なものと考えず，教科教育，地域教育，福祉教育，環境教育など，さまざまな教育・学習の「起爆剤」としていただきたいと願う。

【引用文献】

防災教育チャレンジプラン実行委員会事務局　2005　防災教育チャレンジプランウェブサイト（http://www.bosai-study.net/）
神戸新聞社　神戸新聞 2004 年 12 月 13 日付
レイヴ, J.・ウェンガー, E.　1993　状況に埋め込まれた学習—正統的周辺参加—　佐伯　胖（訳）産業図書（Lave, J. & Wenger, E. 1991 *Situated learning: Legitimate peripheral participation.* Cambridge: Cambridge University Press.）
鈴木敏恵　2003　ポートフォリオでプロジェクト学習！—地域と学校をつなぐ防災教育—　教育同人社
矢守克也　2009　防災人間科学　東京大学出版会
Yamori, K.　2009　Action research on disaster reduction education: Building a

"communitiy of practice" through a gaming approach. *Journal of Natural Disaster Science*, 30, 83-96.
矢守克也・吉川肇子・網代　剛　2005　防災ゲームで学ぶリスク・コミュニケーション―クロスロードへの招待―　ナカニシヤ出版
矢守克也・諏訪清二・舩木伸江　2007　夢みる防災教育　晃洋書房

5章
犯罪の自然災害化／自然災害の犯罪化

1. 犯罪の自然災害化

　本章では，ひとまず防災から離れて，1つのトレンドを，東・大澤（2003）に依拠して確認するところから議論を開始したい。

　現代の日本社会は，それ自体がもつ著しい異常性（反社会性）や，その直接的・間接的影響の巨大さと比較したとき，それを駆動したと考えられる「動機（理由）」が，あまりに卑小，あるいは，不可解であると断じざるをえない犯罪行為に，数多く直面している。大阪教育大学附属池田小学校児童殺傷事件（2001年），全日空機長殺傷事件（1999年），神戸連続児童殺傷事件（1997年）などである。もちろん，これらの事案に加えて，地下鉄サリン事件（1995年）や，—わが国の事例ではないが—米国同時多発テロ（2001年）を，この種の事例に準ずるものとしてとり扱うことも可能であろう。

　ところで，レッシグ（2001）は，人を動かすパワーには，4つの種類があると指摘している。第1に法，第2に規範，第3に市場（経済的な利害関係），そして，最後にアーキテクチャ（環境），である。先に指摘したいくつかの事例は，結論的に言って，これまで，まがりなりに犯罪を抑止してきた法，規範，市場が，ここにきて機能しなくなったことを示すものと言える。

　まず，法について述べよう。同時多発テロに見舞われた米国政府要人（ラムズフェルド国防長官），サリン事件に直面した日本政府要人（野中広務国家公安委員長（当時））は，期せずして同じセリフを吐いたという—「これは，（新しい）戦争である」。この発言は，この種の行為が，法の遵守は言うに及ばず，そこからの逸脱（通常の意味での犯罪）という範疇にも入らないような，国家

体制(法体制)そのものを無化する攻撃と受け取られたことを意味している。次に，規範である。「なぜ人を殺してはいけないのか」。この，規範の中の規範と思しき根底的倫理へと向けた問いが，犯人によって真顔で問いかけられ，社会もまたこぞってそれに応えようとしたこと自体(小浜，2000)，規範というものがいかに弱体化したかを示している。最後に，市場についても，「死刑にしたいなら，そうすればいい」とうそぶく者，そして，ある意味で，文字通りそれを実践する者(たとえば，suicide bomber)に，損得計算による説得がもはや通じていないことは明白である。

　こうして，近年とみに，その防犯上の威力を期待されているのが，レッシグの言う第4のカテゴリー，アーキテクチャ，である。各所に装備された監視カメラ(写真5-1)，電話やメールによる通信を傍受・盗聴するシステム，要所に設けられた認証システム(指紋や虹彩など生物学的特徴によるそれは，その先端的な姿である)などである。要するに，何をするかわからない「危ない人間」は，法の網の目をかけようが，内面(良心)を啓発しようが，損得勘定に訴えようが無駄で，物理的に監視し身体ごと排除するほかない，という態度である。これが，社会全体の「セキュリティ化」にほかならない(ライアン，2002)。

　しかし，どれだけセキュリティの精度を上げても，セキュリティの網の目を

写真5-1　現代社会を特徴づける監視カメラの一例－Nシステム(赤外線自動車ナンバー自動読取装置)
(フリー百科事典『ウィキペディア(Wikipedia)』より)

かいくぐって来る犯罪者は存在する。そして，皮肉なことに，セキュリティの精度が高まれば高まるほど，不幸にして犯罪に遭遇してしまった者は，自分だけが運が悪かった，という感覚にいっそう強く苛まれることになる。実際，「理由なき」犯罪者に肉親を奪われた被害者を苦しめるのは，肉親を失った事実とともに，運が悪かった，としか考えるほかないやるせなさ，理不尽さであろう。喪失（死）に「意味」を見いだすことがまったくできないのだ。

　さて，ここで翻って考えてみると，こうした「セキュリティ」への傾倒は，たとえば，いつ襲ってくるかもしれない津波に備えて，町全体を巨大な津波防潮堤で取り囲んでしまおうという姿勢と通底していることがわかる。たとえば，過去に津波で大きな被害を出した岩手県宮古市田老地区は，X字状に配置された高さ10メートルもの津波防潮堤によって守られている（増補2章の3節を参照）。その総延長は2.5キロにもわたり，「田老万里の長城」とも称されている（写真5-2参照）。必要十分なアーキテクチャを張りめぐらせて，人知を越えた自然の脅威（ハザード）から身を守ろうというわけである。

　町全体を包囲する津波防潮堤を，文字通り社会全体にまで拡大させたとき，そこに社会のセキュリティ化が実現する。つまり，イデオロギー的な背景も，社会経済的な事情も，個人的なドラマも認めがたい犯罪者による理不尽と思わ

写真 5-2　巨大な津波防潮堤で守られた町（宮古市田老地区）
（宮古市，2005）

れる犯罪との遭遇は，統計的蓋然性に従って襲来する自然災害（津波）とさして変わらないものとして，人びとには受け取られうるということである。東・大澤（2003）は，以上に略述したようなトレンドを，社会の「セキュリティ化」，人間の「動物化」といった表現で描述しているが，ここでは，端的に，「犯罪の自然災害化」と呼んでおこう。

2. 自然災害の犯罪化

　非常に興味深いことは，1節で述べた「犯罪の自然災害化」とは正反対に見えるトレンドが，同時に進行しているという事実である。それは，言ってみれば，「自然災害の犯罪化」とでも称することができるような変化である。どういうことか，説明が必要であろう。

(1) 防災の市場化—レスキューナウの挑戦—

　3章で，「レスキューナウ・ドット・ネット（rescuenow.net）」について簡単に触れた。ここでこの組織について，3章とはいくぶん異なった角度からより詳細に検討してみたい。レスキューナウは，市川啓一氏によって，2000年4月に設立された株式会社で，危機管理情報総合サイト「www.rescuenow.net」の運営，日常的で身近な危機管理情報を個人向けにカスタマイズ配信する「マイレスキュー」の提供，企業・行政向け，危機管理情報発信支援サービス「3rdWATCH」の提供などを，その主たる事業内容としている。このうち，「マイレスキュー」は，市川氏によれば，「今そこにある危険を，個別に，そこにいるあなたに伝えるための仕組み」（市川，2003）であって，契約した個人あるいは企業に，大規模災害時の各種情報は言うに及ばず，「○○交差点で事故発生」，「××町付近で通り魔事件」など，非常にローカルな危険情報をも配信するシステムである。この目的のため，レスキューナウでは，バイク便と提携（バイク便業者が撮影した事故現場のデジカメ画像がただちに本部に送信される）するなどして非常にきめ細かな情報収集を行っている。他方，サービス契約者は，予め自分の「エリア」を登録しておき，その「エリア」に関わる危険情報が，ただちにケータイ端末に届けられるという仕組みである。

ここで試みられていることは，1節で述べた動き，つまり，ユビキタス・コンピューティングを基盤とする新しいタイプのアーキテクチャによって，世界の隅々にまでセキュリティの網の目を張りめぐらせようとする動きであると，とりあえず確認しておくことができる。ちょうど，「セキュリティ社会」が，指紋や虹彩という情報でもって犯罪者の封じ込めを企図しているように，レスキューナウも，社会の隅々にまで災害危険情報探索の手を伸ばし，あらゆる場所（ユビキタス）にそれを伝達しようとしているからである。事実，レスキューナウが，自然災害に関わる危険情報だけでなく，犯罪をはじめとする人為的なハザードに関する情報をも，そのサービス内容に組み込んでいることは，上でも指摘した。

　しかし，防災という観点，特に，伝統的な防災施策との比較という観点に立つと，レスキューナウの事業は，「セキュリティ化」の枠内には収まらない革新性を帯びていることがわかる。それは，レスキューナウがビジネス（株式会社）である点に，端的に現れている。読者は，どのような人（組織）が，このサービスを「買う」のか，という疑問をもたれたことと思う。市川氏は，顧客として2つの方向性を想定しているという。1つは直接的な顧客で，現段階では，個人としては聴覚障害者（東海村放射能漏れ事故など，いくつかの災害・事故で，危険情報到達の遅れが指摘されている），および，コンビニ業者（緊急時に即応した商品配送体制確立のため）などが，現に顧客リストに載っている。2つ目は，言わば，間接的な顧客である。つまり，顧客が，直接レスキューナウと契約するのではなく，マイレスキューというサービスが載った商品を（少し余分にお金を出して）購入するという形式である。商品としては，携帯電話，カーナビゲーション・システム，将来的には，家電製品（冷蔵庫など）や腕時計も想定しているという。「月々〇〇円のエクストラで，こんな便利なサービスが受けられるなら安心だし買っておこうか」というわけである。

　要するに，レスキューナウがもつ真の革新性は，そのアーキテクチャではなくて，むしろ，セキュリティを，災害保険などと同様に，「市場」（お得ですよ）の問題にしている点にこそ求められるべきである。だから，レスキューナウは，株式会社なのである。たしかに，レスキューナウのビジネスが，津波防潮堤の代わりにGIS（Geographical Infomation System；地理情報システム）や携帯

電話といった新しい，よりソフトなアーキテクチャに依存していることは事実ではある。しかし同時に，それらのアーキテクチャが，強くカスタマイズ（3章2節で述べた「個別化」に相当）を志向していることは，従来の防災アーキテクチャと比べて非常に特徴的である。これは，ちょうど，大きなアーキテクチャ（津波防潮堤）が国や地方自治体による公的な行政サービスと親和的であるのとパラレルである。レスキューナウを支える小さなアーキテクチャは，株式会社とその顧客という関係と親和的であり，買うか買わないか（売れるか売れないか）という市場判断に，防災（安全）を委ねているのである。いざというときに，アラームが鳴るケータイやカーナビを買うか買わないかの判断に，1人1人の安全が賭けられているわけで，これは，いくつかの警備会社が展開しているホームセキュリティサービスともあわせ，まさに，防災の「市場」化と呼ぶにふさわしい。

(2) アーキテクチャを「選びとる」こと

　以上，レスキューナウを例に，災害に対してアーキテクチャそのものよりもむしろ，市場で対抗しようとする動きについて見てきた。こうした市場化の動きを加速させたのが，阪神・淡路大震災（1995年）であった。ただし，筆者の見るところ，震災で明らかになったのは，アーキテクチャそのものが不十分あるいは無力であったということよりも，むしろ，アーキテクチャ（環境）も「選びうる」という感覚であったと思われる。なぜなら，最も根底的なアーキテクチャとも言える自然（nature）が，文字通り揺らいだのだ。その上に盤石と思われる建造物を載せ，鉄道・道路網やライフラインを縦横にめぐらせ，人びとの日常的な生活を支えていた根底的なアーキテクチャたる自然（大地）が，それまでとはまったく別様のあり方を垣間見せたのである（写真5-3参照）。土台の上に置かれただけの簡易なアーキテクチャ（津波防潮堤や高速道路）が，動かしがたい所与などではなく，つまり，選びようがないものとしてではなく，別様にもありえるものとして現れても無理はあるまい。

　つまり，それらは，純然たるアーキテクチャという仮面を剥ぎ取られ，擬似アーキテクチャ（アーキテクチャもどき）に過ぎないことが白日の下にさらされたのである。別様でもありえたように現象するのが，法や規範の本性なのだ

写真 5-3　倒壊した阪神高速道路の高架橋（神戸市広報課, 2004）

とすれば，震災が明るみにしたことは，アーキテクチャもその一種だということ—たとえば，大阪から神戸まで30分足らずで身体が移動することを可能にするようなアーキテクチャ（クルマや高速道路）に囲まれて生活することを選択しないことも十分にありえた（ありえる）という感覚である。単に，アーキテクチャの能力が低かったという事実が露見したわけではない。現に，震災後，阪神間では，高速道路無用論や地下移設案が浮上した。

　以上をまとめると，阪神・淡路大震災は，アーキテクチャをその一部とするような防災システム全体—法，規範，市場，そしてアーキテクチャ—を，人びとが主体的に選択することが防災という営みだという事実を私たちに教えてくれたということであろう。3章で用いた表現を使うなら，「アクティヴなリスク」の台頭である。こうした理解は，一面では，防災に対する市民参加，自主防災という具体的事象となって結実する。この方向性は，巷間，好意的に受けとられているし，筆者も，これまでの各章で示唆してきたように，むろんポジティ

ヴに評価すべき動向だと感じる。

　しかし，防災システムの主体的選択は，自然災害とは，選びとれない自然のハザード（たとえば，津波）と，これまで少なくとも一般市民には選びとれないものとして現れていたアーキテクチャ（たとえば，津波防潮堤）とが，（偶然）ある種の関係をもったとき（前者のインパクトが後者の性能を上回ったとき）に生じる，という感覚自体を変容させずにはおかない。なぜなら，今や，アーキテクチャは，「選びうる」からである。「選びうる」以上，選んだ責任や選ばなかった理由が問われることになる——「なぜ，このような津波防潮堤を造ったのか」，「なぜ，レスキューナウと契約しておかなかった」と。

　さらに，たとえば，地震予知が現実化したとすれば，ハザード自体（地震動）も「選びうる」存在へと転化することになる。そのときには，地震というハザードの在処が，自然の内部から，予知に必要なアーキテクチャを装備するか否か，予知情報をどのように活用するかといった人間・社会の側の選択の局面にシフトするからである。これは，自然災害が，広義の自然現象（確率的事象）から，人為事象に近いものへと移行することにほかならない。こうした動向と表裏一体をなすのが，「自助」，「自衛」，「自己責任」といったキーワードである。これらのキーワードは，「ある種のアーキテクチャを選びとれば，それを予測し，制御し，対応できたはずのハザードを何ゆえ見過ごしたのか」，「十分に情報提供している（たとえば，事前にハザードマップを公開し，危険水位情報も流し，避難勧告もしている）のだから，あとはみなさんで自衛してください」という態度と，当然ながら，親和性をもつからである。

(3) ハザードに隠された悪意——「**自然災害の犯罪化**」——

　要するに，これまでとは異なり現代社会においては，自然災害について，責任の所在が問われるということである。被災は，自然の気まぐれな仕業には帰属されない。被災は，それによって被害を抑止あるいは軽減しえたはずのアーキテクチャを「選択」しなかった人間・社会の犯罪（過失）に近いものと見なされる。本章のタイトルに用いた「自然災害の犯罪化」とは，このような意味である。ハザードは，もはや，単に確率的に人びとを襲ってくるもの（自然現象）ではなく，ある種の法や規範やアーキテクチャを「選択」する（あるいは，

しない）ことによって，それを見ようとしなかった人びとを，意図（悪意）をもって狙い撃ちにしてくる存在へと転化したのである。

たしかに，「自己責任」のトレンドについては，「情報公開といっても，素人にハザードマップがきちんと読めるのか」といった情報の実質的有用性に対する疑念や，「そこは危険だと指摘されても転居する経済的余裕がない」といった情報の実効性をめぐる議論，さらに，「行政の責任逃れの理屈として利用されるのではないか」という懸念など，それ自体にも問題点が多々存在する。それはそれで重要な問題ではあるのだが，自然災害という対象を見つめる人間・社会の眼差しに決定的転換（自然災害の犯罪化）が生じつつあり，この転換が上述の現実的な課題群の根底にあることを見逃してはならないであろう。

現代社会は，「犯罪の自然災害化」と「自然災害の犯罪化」という相反する2つのトレンドが交錯する地点に立っている。このとき，どのような防災研究・施策が要請されるのか。本書のテーマである〈生活防災〉が1つの回答となろう。なぜなら，犯罪化した災害や災害化した犯罪によって特徴づけられる社会とは，言い換えれば，防犯・防災・防火・福祉・環境といったカテゴリー間の敷居が低くなった社会だからである。防災を防災という固有の社会的課題として孤立させず，他の生活領域と一体化させた中で防災を考える立場が今後ますます重要になることだろう。

【引用文献】

東　浩紀・大澤真幸　2003　自由を考える──9・11以降の現代思想──　日本放送出版協会
市川啓一　2003　危機管理情報システムの現状と今後の課題　災害対応研究会会報，12-13，12-15．
神戸市広報課　2004　震災10年〜神戸の記録〜（CD-ROM）
ライアン，D．　2002　監視社会　河村一郎（訳）青土社（Lyon, D. 2001 *Surveillance Society: Monitoring everyday life*. Open University Press.）
小浜逸郎　2000　なぜ人を殺してはいけないのか　洋泉社
レッシグ，L．　2001　CODE──インターネットの合法・違法・プライバシー──　山形浩生・柏木亮二（訳）翔泳社
宮古市　2005　田老総合防災情報　宮古市ウェブサイト所収（http://www.city.miyako.iwate.jp/）
ウィキペディア財団　2005　フリー百科事典『ウィキペディア（Wikipedia）』（http://ja.wikipedia.org/wiki/）

6章
阪神・淡路大震災10年
―コラム「神戸新聞を読んで」から―

　本章には，阪神・淡路大震災から10年の節目を直前に控えた2004年11月，被災地のありようを丹念に追い続けてきた地元紙「神戸新聞」に，「神戸新聞を読んで」と題して連載した小文を，未掲載の1編を含む5編採録した。字数制限のある紙面批評という形式をとっていることもあり，これまでの各章とは文体，内容とも自ずと性質を異にする。しかし，折しも，新潟県中越地震や台風23号による豪雨災害（いずれも2004年10月）が起きた直後だったこともある。被災体験・教訓の蓄積と伝承，地域間の広域支援のあり方，災害報道のあるべき姿など，これまでの章で論じてきたことを直接，間接に補完する内容が盛り込まれている。

1. 独自のリズムを

　紙面に「大震災10年」という言葉があふれている。たとえば，10月16日付夕刊には，1面に「大震災10年，あの時あの場所」と題された連載記事が掲げられ，13面は，震災の年に生まれた200人の子どもたち，つまり，今年10歳になる子どもたちのイベントを報じている。兵庫県や神戸市，その他多くの団体が，「震災10年事業」と銘打ったイベントを企画していることも，「大震災10年」の増加に拍車をかけている。

　もちろん，10年という時間は，社会にとって1つの画期をなすものだろう。この機会に，みなが自らの人生，そして，社会の来し方行く末に思いをめぐらすことはよいことだ。しかし，時間の感覚は，多種多様である。全員が10年を1つの単位として生活のリズムを刻んでいるわけではない。

　1つのエピソードを紹介したい。浅井鈴子さんは，わたしが籍を置くボラン

ティア団体「語り部 KOBE1995」の仲間である。浅井さんは，震災で長女の亜希子さんを亡くした。

その浅井さんが今年（2004年）1月，1冊の絵本「アッコちゃんありがとう」を出版した。幼い頃の亜希子さんが初めて社会見学に出かけたときのことを綴ったものだ。実は，私は，浅井さんから最初に絵本を頂戴したとき，「なぜ今なのか，10年目は来年なのに」と感じた。しかし，まもなく，絵本が2004年に出版されねばならない理由に気づいた。亜希子さんは，当時小学校5年生，11歳だった。それから9年，亜希子さんは20歳の成人式を迎えたのだ。同じ語り部グループの一員でありながら，浅井さん親子に流れる時間に思いをはせることができなかったわが身の不明を恥じる思いであった。

再び，記事に目を転じよう。「いのちの記憶：若き作家が描いた世界」と題された記事が10月5日から連載されている。主役は，佐野由美さん。「震災で，当事者として表現することの大切さを知った」彼女は，ネパールへと旅立つ。貧しい子どもたちに美術を教えるためだ。ところが，帰国寸前，彼女は事故で亡くなる（10月10日付）。この連載では，由美さん，母親の京子さんにとっての震災とその後の出来事が，2人に固有のライフストーリーとして濃密に描かれている。

神戸新聞は，被災地の「地元紙」である。震災直後には，慣例を破って個別的な「生活情報」を報じた先駆者でもある。長期にわたる震災報道においても，画一的な時間リズムにとらわれず，一人ひとりの生活者に目を向けた独自のリズム感覚を維持してほしい。また逆に，10年どころか「100年の計」を展望した紙面作りも，ときには必要だろう。（2004年11月7日掲載）

2. 掲載されなかった記事

10年前にも，同じことがあった。阪神・淡路大震災の約2ヶ月後，地下鉄サリン事件が起こった。東京を中心に世間の関心は，サリン事件に移った。新聞報道についても，本紙が積極的に震災報道を続けたこともあって，「東西格差」が叫ばれたりした。

そして，今年（2004年）。10月20日，兵庫県は豊岡市や淡路島を中心に，

台風23号によって甚大な被害を受けた。わずか3日後，新潟県中越地震が起った。察するに，神戸新聞社は大いに悩んだことだろう。台風の被災地を抱える一方で，巨大地震の体験者として果たすべき責務もある。

紙面には，苦渋の判断のあとが残る。一面記事を見ると，10月21日から23日夕刊まで，トップ記事はもちろん台風関係。被害や復旧状況を詳しく報じている。しかし，24日以降は，連日，中越地震がトップ記事を占める。

ただし，そんな中，毎日必ず台風関連記事を1面の中に探し出すことができる。特に，台風から1週間目の27日は，トップ記事に準じる大きな扱いで，その後の復旧状況について報じている。そして，地方面の大部分は，連日，台風関連報道に割かれている。他紙にはない取り組みである。

限られた紙面スペースを複数の重大事象にどのように振り向けるのか。その前提として，限られた取材資源をどのように割り振るのか。むずかしい判断である。もっとも，同じ判断を多くの人びとが迫られた数週間でもあった。台風の被災地を管内に有する一方で，大震災の体験を活かしてもらおうと中越地震にも人員等を派遣した兵庫県（27日付23面），神戸市（28日付27面），防災研究者やボランティア（24日付30面）も，同じ悩みを抱えていたはずだ。

取材や報道に投入する資源配分について何らかの判断を行うこと——これは不可避である。ただし，「社会の公器」として，どのような「判断」を下したのかについて，読者によりオープンにする工夫はあってもよいと思う。「あのこと，いつの間にか報道されなくなったね」ではなくて。

たとえば，掲載されなかった記事について知りたいと思うのは筆者だけだろうか。台風関連，イラク人質事件関連（27日に第一報）ほか，数多くの取材活動が展開されていたことだろう。しかし，その成果の多くが，中越地震のかげに隠れたと推察する。

こんなとき，テレビ報道には，「この時間は予定を変更して……」という常套句がある。視聴者は，テレビ局の「判断」について一定の情報をえることができる。新聞もこれにならってはどうかと思うのだ。（2004年11月14日掲載）

3. 新潟から神戸へ

　11月4日付の紙面から，「新潟から」と題されたコラムが夕刊に連載されている。阪神・淡路大震災の取材を続けてきた女性記者による中越地震被災地のレポートである。小さな記事だが，これには大いに考えさせられた。

　毎回，コラムでは，何らかの形で「中越」と「阪神」とが比較される。たとえば，「阪神」の体験者が「中越」の支援に大いに活躍していることが報告される。「阪神」には見られなかった「中越」の独自性が指摘される。ここまでは，連載タイトルから推してある程度予想された展開であった。

　評者が感じ入ったのは，こうした比較作業の過程で，取材に当たった記者たちが，自らのアイデンティティ―あの神戸からやって来た取材記者であるということ―に非常に自覚的であったことである。

　「でも，神戸の人だから」（11月8日付）では，「取材は，もうお断りしています」といったんは取材を拒否された遺族とのやりとりについて記している。この遺族は，記者ではなく神戸の人に対して語りはじめる。そこには，あたかも透明人間のように，被災地の「事実」を客観的に報告する記者はいない。

　「役立たずを意識して」（11月10日付）では，取材する自分への眼差しがさらに明確になる。「地元の事情に疎く，地名の読み方さえ知らない記者にできることは限られている。被災した人びとに負担をかけているだけではないか」。記者は，こう自問する。言うまでもなく，10年前は，これを反転させた現実に神戸で直面していたわけだ。だからこそ可能となった自己分析である。

　実は，評者が生業としている防災心理学の研究活動でも，まったく同じことがホットな問題として浮上している。つまり，今まで研究者たちは，透明人間よろしく自らの存在を消して，人間や社会のありようを調べようとしてきた。同じアンケート用紙を配れば，あるいは，定まった形式に従って聞きとり調査をすれば，調査する者がだれであっても，被災の「真実」を解き明かせると考えてきた。しかし，ほんとうにそうか。

　「神戸の人だから」語ってくれた被災者―これが人間の自然な反応だろう。透明人間に応える人はいない。何かを尋ねようとすれば，われわれはまず，そ

の人にとって，「あなた」にならなければならない。この鉄則は，取材活動にも研究活動にも通じる。

「新潟から」は，あとへと余韻を響かせる言葉である。おそらく，「神戸へ」と続けることができるだろう。新潟の被災地で神戸を意識せざるをえなかった記者のレポート，読み応えがあった。(2004年11月21日掲載)

4. 1週間の数字

災害報道には数字がつきもの。数字には，被災列島の実像が透けて見える。特に，ものごとの理解のベースは比較である。数字をいくつか並べてみると，さらに学ぶところが大きい。最近1週間の紙面から印象深い数字を列記してみよう。

11月16日付，108。新潟中越地震，発生から3週間に発生したマグニチュード4以上の余震は108回，阪神・淡路大震災の2倍を超える。東海・東南海・南海地震では，本震そのものが相次いで起ったこともある。復旧・復興段階での課題だ。

同17日付，3000。兵庫県内の公衆電話は年間約3000台ずつ減っている。実に大きな数字である。他方で，台風23号でも中越地震でも被災地では，「通じぬケータイ」が問題に。たしか，阪神・淡路大震災でも，公衆電話の効用が教訓の1つだったはずでは？

同18日付，140。台風23号で勤め先が被災したために解雇された人は少なくとも140人に上る。被災地の地元企業への支援は，災害復興の最重要課題の1つ—これも阪神・淡路大震災のメッセージだったはず。

同19日付，300。台風23号では，淡路島のほぼ全域で日雨量が300ミリに達していた。洲本市では過去最多の259ミリを大幅に更新。それにしても，今年は，いったい何度，「過去最高（最多）」という言葉を耳にしたか。来年は平穏な年になってほしい。

同20日付，162。この日は台風23号から1ヶ月。この時点での避難者数が162人。筆者は，正直，その多さに大変驚いた。同じ関西圏に住む者でもこのありさまである。中越地震の影響も手伝って，被災地外では早くも意識風化が

進む。

　同21日付，81。台風23号は，県北部，淡路島だけではなく，武庫川流域にも大きな被害をもたらした。西宮市北部では81全戸が床上浸水した宅地があった。地震，津波，台風，集中豪雨，火山噴火……災害が相次いだ2004年。日本国内どこにいても，自然災害の脅威にさらされる可能性があることを思い知らされた1年でもあった。

　そして，同22日付，1割。避難生活が長引く被災者のために新潟県が準備した旅館泊室（5000人分）の利用率だ。避難所生活の負担軽減をねらったもので，阪神の体験を生かした施策でもあった。しかし，自分だけ抜け駆けするわけには……という意識が利用率を押し下げたらしい。「コミュニティーの強さでもあり，弱さでもある」とは泉田裕彦新潟県知事の弁である。

　説得力のあるデータに基づいた，わかりやすい災害報道，これからも継続して欲しい。（2004年11月28日掲載）

5. 風化と熟成

　台風，新潟県中越地震と被害が相次ぐ。そんな中，阪神・淡路地域では，大震災の体験や教訓の「風化」が叫ばれている。紙面にも，被災地企業での体験風化（9月23日付），神戸の壁への落書きに対し津名町長が記憶の風化を懸念（10月13日付）などの記事を見出せる。もっとも，風化や忘却は人間の自然な営みである。辛いことを忘れることは人間のすぐれた能力だという考えもある。震災など思い出したくないという方もいらっしゃる。風化は宿命なのかもしれない。

　しかし他方で，ときが経過することによってはじめて見えてくる事実，ときとともに熟成する知識といったものもあるのではないか。たとえば，こんな声がある。

　「患者さんを搬送しているとき，写真撮影をされた。そういうことをする間があったら手伝ってくださいと言って，実際手伝ってもらったこともありますが……後から考えますと，わたしたち当事者はそういう記録を残すことができないですよね。口で伝えても，それは風化していきますし，事実の記録という

のは，やはり報道関係の方だろうなと思いました。」

　語ってくれたのは，全壊した病院に勤務していた看護師の方。震災から9年の時点で，当時，記者と交わしたやりとりを振り返ったものだ。筆者は，文部科学省の「大規模大震災軽減化特別プロジェクト」の一環として，神戸市危機管理室の協力を得て職員インタビューを進めている。その中で得られた言葉である。

　このエピソードを紹介したのは，マスコミ取材の正当性を主張するためではない。災害時のマスコミ取材のあり方については，なお議論を要するであろう。ただ，当時，半ば感情的になりながら取材を拒否した当事者が，数年の歳月を経て，別の見方もあったのではないかと述懐していることの意味は小さくない。そこには，ときの流れが可能にした体験の熟成を見てとることができる。

　震災から10年近いときを経た今，震災直後の時点と比較すれば，わたしたちは，「神の視点」を手に入れたとすら言える。当時の見通しが甘かったのか慎重に過ぎたのか，多くのテーマについて，今わたしたちは回答を得ている。暗中模索で講じた施策の効果について検証することもできる。

　新聞報道も例外ではない。たとえば，住宅施策に関する報道など，特定のテーマについて，これまでの報道内容を経年的に比較検証してはどうだろう。もちろん，それは，快い感情を伴う作業ばかりではないだろう。しかし，今こそ，長期的視野に立って震災体験を熟成させるときだ。地元紙自ら，その先頭をきって欲しい。（未掲載）

索　引

あ
アーキテクチャ　89, 91, 93-96
〈1対9〉　20, 21
〈1対99〉　20, 21
〈1年〉の防災　46, 48, 51, 52, 55
稲むらの火　56, 58
インターローカリティ　12, 15, 19, 22, 23

か
可視化　65, 72, 73, 76
語り部KOBE1995　76, 100
「北から」　12, 13
共助　2, 6
クロスロード　23, 41, 71
減災　1, 4, 6, 8, 32, 34, 56
広域当事者性　12, 19
高齢者　5, 35, 36, 38, 83
　——福祉　1, 39
個別化　65-67, 94
孤立　4, 43

さ
災害
　——廃棄物　2, 31-35
　——文化　ii, 3, 7, 8
　　超巨大——　i, 12
　　超広域——　i, 11, 13, 19, 22
　　超長期——　i, 12, 13, 19
最適化防災　28-30, 38, 58
四川大地震　12, 18-21
自然災害の犯罪化　92, 96, 97

実践共同体　60, 84, 85
集中・依存　12
〈10年〉の防災　50-52, 55
主体化　65, 69, 71, 76
スモールワールド研究　23
生活防災　i, 1-4, 6-10, 12, 13, 30, 32, 34, 35, 37-43, 45, 48, 60, 65, 74, 83, 86, 97
セキュリティ　91, 93
　——化　90, 92
想定外　15-17, 22

た
寺田寅彦　17
対口支援　18-22
中越沖地震　11
中越地震　4, 5, 7, 11-13, 35, 50, 54, 80, 99, 101-103
中山間地　ii, 4-7, 22
ツイッター　24
つながり　19, 22-25
　　被災地——　13
津波　3, 15, 16, 25, 37, 40, 42, 43, 51, 55-58, 65, 73, 75, 80, 91, 92, 96, 104
　　大——　i
　　——防潮堤　15, 56, 91, 94, 96
DIG (Disaster Imagination Game)　69, 72, 76
天災は忘れた頃にやってくる　17
東海・東南海・南海地震　21, 37, 55, 80, 103
土手の花見　27, 29, 40, 41, 45, 46, 50

な
日常化　65, 74-76
日本災害救援ボランティア・ネットワーク（NVNAD）　ii, 11-13, 54

は
濱口梧陵　56-58, 60
ハザードマップ　65, 66, 69, 97
犯罪の自然災害化　89, 92, 97
阪神・淡路大震災　10-13, 16, 21, 30, 39, 48, 50, 54, 76, 79, 94, 99, 102, 103
東日本大震災　i, ii, 3, 11, 12, 15, 18, 20-22, 24, 25
〈100年〉の防災　55, 60, 85
風化　17, 103, 104
分散・自立　12
防災教育　58, 60, 61, 67, 79-81, 84, 86, 87

ら・わ
リスク　38, 63-65, 71
　アクティヴな——　63, 64, 71, 95
　ニュートラルな——　63, 64, 73
　——・コミュニケーション　63, 64
わがまち再発見（ぼうさい探検隊）　69, 72, 75, 76, 87

著者紹介
矢守克也(やもり・かつや)

1988年　大阪大学大学院人間科学研究科博士後期課程単位取得退学
現在，京都大学防災研究所巨大災害研究センター教授・センター長
主著：『防災ゲームで学ぶリスク・コミュニケーション』（共著）ナカニシヤ出版
　　　『クロスロード・ネクスト』（共著）ナカニシヤ出版
　　　『防災人間科学』東京大学出版会
　　　『アクションリサーチ』新曜社
　　　『ワードマップ：防災・減災の人間科学』（共編著）新曜社
　　　『夢みる防災教育』（共著）晃洋書房

　　増補版〈生活防災〉のすすめ
　　東日本大震災と日本社会

　　2011年7月1日　増補版第1刷発行　　定価はカヴァーに表示してあります
　　著　者　矢守克也
　　発行者　中西健夫
　　発行所　株式会社ナカニシヤ出版
　　　　　　〒606-8161　京都市左京区一乗寺木ノ本町15番地
　　　　　　　　　　　Telephone　075-723-0111
　　　　　　　　　　　Facsimile　075-723-0095
　　　　　　　　Website　http://www.nakanishiya.co.jp/
　　　　　　　　Email　iihon-ippai@nakanishiya.co.jp
　　　　　　　　　　　郵便振替　01030-0-13128

　　装丁＝白沢　正／印刷・製本＝ファインワークス
　　Printed in Japan.
　　Copyright © 2005, 2011 by K. Yamori
　　ISBN978-4-7795-0570-6

防災ゲームで学ぶ
リスク・コミュニケーション
クロスロードへの招待

矢守克也・吉川肇子・網代　剛 著

阪神淡路大震災での神戸市職員の実体験を基に，災害時の対応をシミュレーションするカード教材「クロスロード」の全貌。

A5 判 178 頁 2100 円

クロスロード・ネクスト
続：ゲームで学ぶリスク・コミュニケーション

吉川肇子・矢守克也・杉浦淳吉 著

「クロスロード」のその後の展開。現場でどのように活用されているか，また新バージョン「市民編」「要援護者編」「感染症編」「食品安全編」，新ゲーム「ぼうさいダック」「大ナマジンすごろく」を紹介し，防災教育におけるゲームの活用の意義と課題についても論じる。

A5 判 224 頁 2625 円

JCO 事故後の原子力世論

岡本浩一・宮本聡介 編

1999 年 9 月 30 日，茨城県東海村で起こった未曾有の核燃臨界事故。人々はそれをどう受け止めたのか，原子力への世論はどう変わったのか。日米仏三ヵ国での詳細な調査をもとに，原子力に対する世論形成のメカニズムを探る。

A5 判 214 頁 4830 円

健康リスク・コミュニケーションの手引き

吉川肇子 編著

健康に被害を及ぼすリスクが発生した場合に危機管理者は何をどのように伝えればよいのか。関係者がリスクに関する情報を交換し相互に働きかけあいながら，ともに意思決定に参加する双方向コミュニケーションを円滑に行なうための手引き。

A5 判 216 頁 2835 円

交通事故防止の人間科学
［第 2 版］

松永勝也 編

規則やマナーを守って走行するのはなぜ困難なのか？　積極的にそれを守って走行させるための教育法とは？　安全運転に必要な車間距離の提示や交通事故体験者の心理の論考等を加えた，事故防止対策を具体的・理論的に解説する第 2 版。

B5 判 160 頁 2100 円

社会的ジレンマの処方箋
都市・交通・環境問題のための心理学

藤井　聡 著

あらゆる社会問題の根底に潜む「社会的ジレンマ」の理論とその具体的な解決策を，都市・交通・環境問題をとりあげて考察する。

A5 判 304 頁 2940 円

表示の価格は税込価格です（2011 年 7 月現在）